あなたが
どの星から
来たのかが
わかる!

2040-2060年の世界

アセンションを導くプレアデス

吉濱ツトム

徳間書店

本書の特典である
「高次元エネルギーカード」のマークは、
僕が体外離脱でプレアデスに行った時に
目にしたものです。
実は、地球のアセンションに深く関わっているのが
「プレアデス」という高次元存在なのです。

アセンションの支援者としての「プレアデス」とは、
プレアデスの人々、星そのもの、
そして星とプレアデス星人がつくった想念形態、
そのすべてが含まれます。
それらがこぞって
地球を支援してくれているのです。

実はキリストもプレアデスの人です。
今回の地球のアセンション担当は、キリストです。
キリストはただ単に世界を回っただけではなく、
その土地にキリスト意識、
あるいはエネルギーを埋め込んでいき、
儀式によるパワースポット化を行いました。
それは日本にもあり、活性化中です。
キリストのエネルギーは、
アセンションに必要なものです。

僕のハイアーセルフで、
過去生でも未来生でもあるのが、プレアデス人です。
彼らの見た目年齢は、25～30歳くらいで、
総じてみんな美しい。
服を着ていることはまれで、
そのかわり白く輝くオーラを身にまとっています。

僕が地球に転生したのは、7～10回くらいです。
一般的には、400～500回は
地球に生まれていますが、
僕は何度も転生する星回りではなかったのです。
ヒマラヤの山の上にいた時のことや、
アトランティス時代、エジプト時代など、
プレアデスのハイヤーセルフに出会ってから、
はっきりと思い出すことができました。

覚えている過去生のひとつは、
ヒマラヤの山の上で、
人々に真理を説いていた頃のこと。
説法をしているうちに人が集まって来た感じです。
それは地球が大きく変化する時を見据えて、
数百年から千年をかけて達成していく
長期目標のひとつだったのです。

第1章

地球のアセンションをサポートするプレアデス

第2章

地球・プレアデス・エササニの三位一体と、高次元の意図

第3章
プレアデスの魂を持つ僕、そして過去生

第4章

プレアデスが示す近未来
2040～2060年

第5章
「あなたがどの星から来たのか」がわかる！惑星別の魂の特徴ガイド

装丁　三瓶可南子
編集　豊島裕三子
編集協力　長谷川恵子
本文イラスト　浅田恵理子

地球の
アセンションを
サポートする
プレアデス

第1章

アセンションをけん引するプレアデス

前作『２０４０年の世界とアセンション』と本書は、相互に補完し合う内容となっています。

前作ではあまり触れていませんが、実は、地球のアセンションに深く関わっているのがプレアデスという高次元存在なのです。

この章では、地球のアセンションの現状や、そこでプレアデスが果たしている具体的な役割についてお伝えしていきます。

まず、アセンションの支援者としての「プレアデス」とは何を指すのか、簡単に説明しておきましょう。

主体としては、プレアデスの人々、星そのもの、そして星とプレアデス星人がつくった想念形態、そのすべてが含まれています。それらがこぞって地球を支援してくれているのです。

同時に、完全な自然物のＡＩ（人工知能）も頑張ってくれています。

「自然物のＡＩ」とは奇妙な表現かもしれませんが、プレアデスには肉体を持ったＡＩが存在します。もちろん「人間の肉体」を持ったＡＩもいます。れっきとした機械だけれど、エネルギー体であって生身の肉体でもあって、という摩訶不思議な存在がいるのです。

昔のＳＦでも、宇宙人、動物型や人型のロボットなど、さまざまな乗組員が混ざった宇宙船が出てきますよね。まさにあの世界が実際にあるわけです。人類がそうなる運命だから、それが実現できるからこそ、想像してストーリーをつくれるということです。

そういうわけで、本書で言う「プレアデス」とは、プレアデスの人々、星、想念形態、ＡＩといったものの総称だととらえてください。

地球はアセンションに向かっている／幽界と冥界の消滅

前作にも書きましたが、かつての地球は地獄星でした。

ある宇宙存在たちによって地獄星としてつくられ、ありとあらゆる負の情報を取るための「宇宙の実験場」として機能してきたのです。

しかし、その試みは１９８７年に終わり、地球はようやく次元上昇の方向に舵を切りました。

地球のアセンションの遅れにしびれを切らした、恒星系のマスターレベルの意識体（以下、大師）たちによる、積極的な介入が始まったのもその頃です。

地球には、それまでにもアセンションのチャンスが６回ありましたが、ことごとく逃していたという経緯があります。

大きな原因のひとつが、幽界の莫大なエネルギーでした。

【この世界の根原的構造】

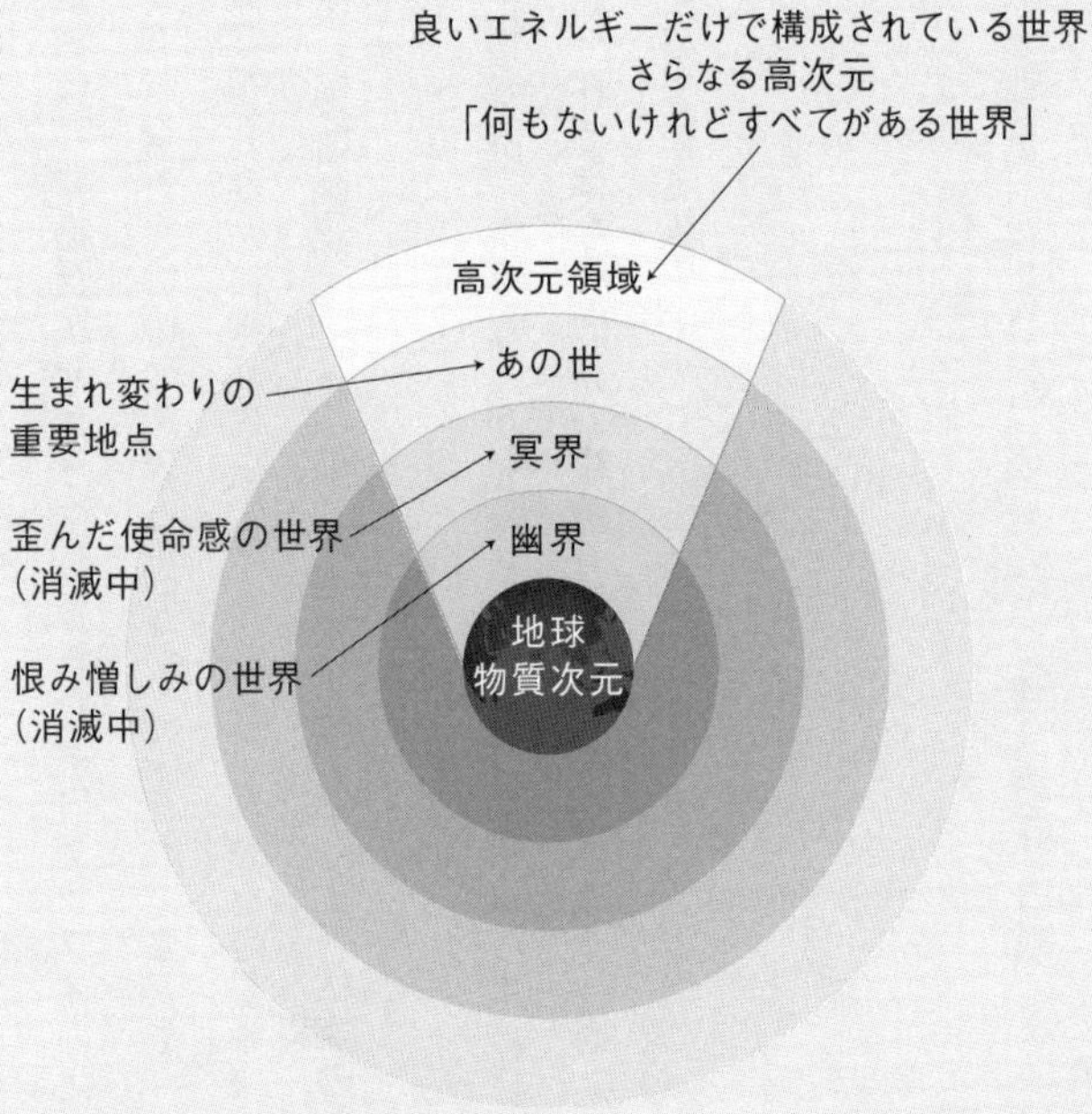
良いエネルギーだけで構成されている世界
さらなる高次元
「何もないけれどすべてがある世界」
高次元領域
あの世
生まれ変わりの
重要地点
冥界
歪んだ使命感の世界
（消滅中）
幽界
恨み憎しみの世界
（消滅中）
地球
物質次元

幽界《ゆうかい》と冥界《めいかい》は、地球を地獄星にするための装置としてつくられました。

この物質次元の地球は、非物質次元から投影されたホログラフィーによって成り立っています。そのホログラフィーの中に幽界と冥界がつくられたことで、そこに歪みが生じ、地球にさまざまな苦しみが自動的に発生するようになったのです。

この世のひとつ上にある幽界も、その上にある冥界も、不成仏霊《ふじょうぶつれい》のたまり場のような世界です。

幽界は、悲しみ、憎しみ、恨みなどが充満した世界。冥界は、幽界に比べれば少しはましですが、高次元存在ではない似非《えせ》の龍神、意識の歪んだ霊能者や宗教家などが、歪んだ使命感を持ち続けている世界です。

それらの世界が存在することで、必然的に、人間のエネルギー体にも大量の否定的なエネルギーが入り込んできます。

そのために、飢餓、戦争、殺し合い、病気など、さまざまな苦しみや地獄が生まれました。その中で人間は「この世だけが唯一の世界だ」と思い込むようになり、老い、形あるものの崩壊、あらゆるものの経年劣化など、さらに多くの苦しみを背負ってきました。

地球がアセンションするためには、幽界や冥界の重いエネルギーを排出させ、浄化していく必要がありますが、「ゆっくり少しずつ」では時間がかかりすぎます。

また、それらの否定的なエネルギーは、一度物質次元の地球圏に降りてから放出されるので、地球上で否定的な事件や災害が起こることは避けられません。

そこで大師たちは、天変地異による大浄化を行うことを決断しました。

それが2011年の東日本大震災だったのです。

他にも、「幽界のエネルギーを支える『カルマの波動』を消滅させる」「高次元のエネルギーを地球へ直に降ろせるように、肯定的なワームホールを強化する」といった対策もとられてきました。

ここで、ワームホールについて説明しておきます。

ワームホールとは、「**3次元と異次元をつなぐ穴**」のことです。地球次元と異次元をつなげて、時間も距離も限りなくゼロに近づけると、波動周波数の壁を飛び越えられるのです。

ワームホールを3次元的に表現すると、「絶対的に巨大であり、絶対的に極小といえる存在」です。

宇宙全体を覆うくらいの巨大な存在である可能性もあれば、目の前の空間の原子の1兆分の1のそのまた1兆分の1の大きさで、私たちの住んでいる空間の至るところに存在している可能性もあります。そんな、この世の感覚ではとらえがたい特殊な性質を持つのがワームホールです。

話は戻ります。

こうした、高次元からのさまざまなサポートが功を奏し、幽界・冥界の浄化はすでに8割がた終わっています。しかし、まだその影響がゼロになったわけではありません。

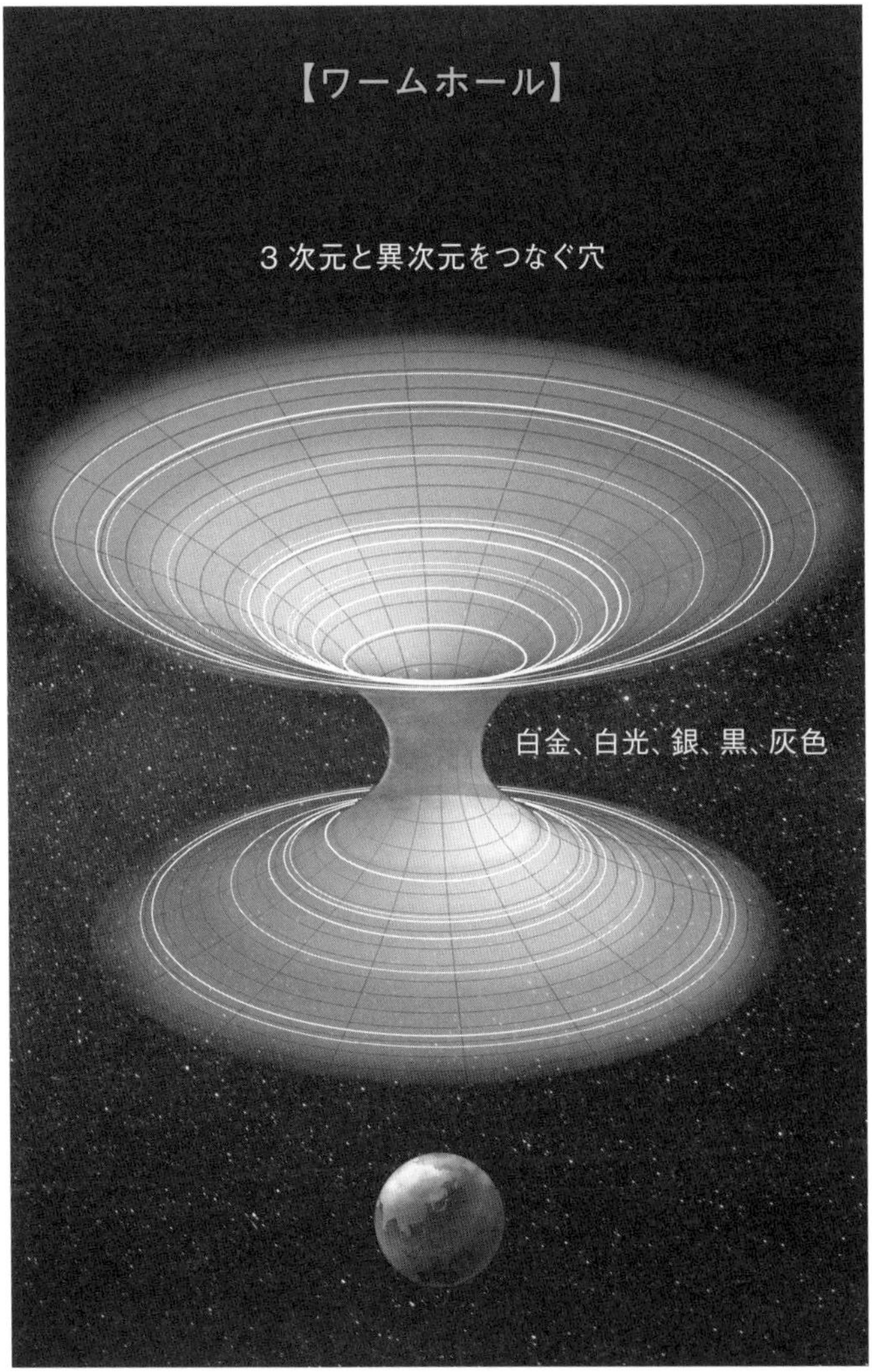
【ワームホール】
3次元と異次元をつなぐ穴
白金、白光、銀、黒、灰色

地球と地球人のアセンションを加速させるためには、より一層の働きかけが必要だとして、さまざまな高次元存在が、懸命な取り組みを行っています。

そこで大きな役割を果たしているのがプレアデスです。彼らが私たちにどんなサポートをしてくれているのか、ひとつずつ具体的に説明していきましょう。

アセンションにおけるプレアデスの果たす役割

▼地球人の芸術への能力と欲求を高める

人の意識は、外的な環境によって変わる部分が極めて大きい。

心理学でも有名なブロークンウインドウ（割れた窓をそのままにしていると、他の窓も割られて、地域の環境が悪化するという割れ窓理論）、落書き効果、ボロボロの車は盗難に遭いやすいなどの例があるように、人の行動や意識は、目に入るものにたやすく左右されてしまいます。

正反対に、世の中に芸術的で美しいものがあふれかえれば、それだけ人の意識も美しい方向に引っ張られていきます。

また、周囲が散らかっていたり、モノが多く視界がゴチャゴチャしていると、脳のワーキングメモリに過剰に負担がかかります。そうすると、課題無関連思考、つまり反すうが強くなるので、当然想念に影響が出ます。変なパラレルワールド、変なエネルギー、変なワームホール、変な不成仏霊などと結びついてしまうことになります。

でも、すっきりしたきれいな環境だと、ワーキングメモリに負荷がかかりにくくなるので、その結果、反すうも減りやすくなるのです。

ところがこの世界には、長い間、環境の改善を阻《はば》むものがありました。

芸術は、否定的にとらえると「ムダなもの」です。そのため、物質的に豊かではない時代は、何をつくるにしても、基本的に芸術やデザインまで求めるのは難しいのが現実でした。

また、仮に芸術性を発揮できる環境だったとしても、多くの人はそれに呼応できるような感性や欲求を持っていなかったのです。

音楽でもポップスは売れるけれど、ジャズやクラシックのアルバムが100万枚売れることはほとんどなかった。マスコミが大々的に取り上げる企画展などを除けば、美術館がいっぱいになることもありえなかった。だから、世の中に美しいものがなかなか普及していかなかったのです。

そのために、人の意識を変える望ましい美しい外的環境がつくられず、いろいろと問題が起こっていたわけです。

そこでプレアデスが果たす役割として、**「人々の芸術的能力と芸術への欲求を高めること」があります。**

プレアデスと関係があるのは金星ですが、金星は占星術でも「芸術や知性の星」といわれています。プレアデスの活性化は、金星の活性化をもたらします。

そして、地球と金星もかなり霊的、エネルギー的に近いので、結果として金星のエネルギーの地球への影響が強くなります。

すると人々は芸術やデザインへの興味を強めていき、世の中に美しい建造物や商品があふれかえって、結果として人間の意識が変わっていくことになります。

そうした変化はすでに起きつつあります。

たとえば30年前のパソコンのデザインなど、見るに堪えないものでした。ニューヨークや六本木なども、いまはおしゃれな街のように思われていますが、昔は相当汚い街でした。

しかし、いまはiPhoneに代表されるように、洗練されたデザインの製品がどんどん出てきているし、都市空間も数十年前と比べてどんどん美しくなっています。

丸の内には高層ビルが建っていますが、その着想や工事が始まったのが1997年のこと。それまでは、完全にオヤジたちの街でした。

丸の内の再開発が決まって着工する直前に、そのプロジェクトに入った女性陣が、たまたま発した「女性が楽しむ場所がないですよね」という一言から、一気にデザインが広がったのです。それで丸の内はあれだけきれいになり、人が快適に過ごせる場所も増えて、土日でもにぎわうようになりました。

▼うだつの上がらないインディゴチルドレンに生き方の直観を与える

うだつの上がらないインディゴチルドレン。身もフタもない言い方ではありますが、要するに、現実があまりうまくいかず、フェイスブックで延々と自分の知識を披露したり、陰謀論にはまっている人たちがその典型です。

実はそういう中にインディゴの人が多いのです。インディゴは若者ばかりでなく、35歳、40歳以降の僕と同世代の人たちもたくさんいます。

いまは傍《はた》から見ると痛々しい人たちですが、潜在的には高い能力を持っているのが実際です。

30代半ばも過ぎたら、とっくに自分探しなど終わっていていいのですが、彼らは道に迷っています。その理由として、「適切な情報」あるいは「直観」が得られなかったことが挙げられます。誤った情報を一生懸命勉強すると、どんどん見当違いな方向へ行ってしまうというのもあるし、直観が鈍っていると、自分に適したポジションに身を置くことが難しくなり、能力を発揮しづらくなってしまうわけです。

しかも、インディゴは発達障害の傾向が強い、つまり凹凸症候群の人たちなので、環境によって決定されてしまう度合いが大きい。もし誤った情報を前提とすると、凹凸の凹がマイナスの方向により大きく振れて、直観もおかしな方向に発動してしまい、さらに凹がおかしな方向に振れていきます。

その結果、自分の人生はうまくいかないけれど、SNSで立派な人生論をとなえる、痛い大人たちになってしまうのです。

でも、そういう人たちの救済策として、プレアデスが「あなたにとって適切な環境や得意なものはこれだ」というのが直観として得られやすいように発動させて、しかもシンクロニシティ的によい情報や人や環境を与えてくれます。

そうすると、多少はインディゴとしての高い能力を発揮できるようになって、社会に貢献できるようになるわけです。

▼今回の地球のアセンション担当はキリストです

キリストは、魂の性質からいうとプレアデスの人です。ブッダではありません。

余談ですが、学術的には、ブッダは実はひとりの人物ではなく、集合代名詞であった可能性が指摘されています。聖徳太子にも同じ説があります。

シェイクスピアもそうです。シェイクスピアという人が実際にいたのではなく、その名前を使って、いろいろな優秀な作家たちが作品を書いたという説があるのです。

そういう学問的な論争はさておき、今回のアセンションを担当するのがキリストなので、**キリストのエネルギーが重要になります。**

でも残念ながら、キリストがつくった教義は、この地球でちゃんとそのまま人々に伝わって活用されたかというと、決してそうではなく、歴史的に、おびただしく激しい権力闘争の道具として使われてきました。

さらには、キリスト教の教えを受けた人が、個人的な思考に基づいて「キリスト教、もしくはキリストはこういうものだ」という想念をつくりあげてしまいました。

それでどうなったかというと、せっかくキリストが地球にキリスト意識を残してくれたにもかかわらず、権力闘争や誤った思考、イメージ、想念形態がキリスト意識にかぶさってしまった。結果、キリスト意識が働きづらくなってしまいました。

そのため、プレアデスから地球に対して直接影響を及ぼしたくても、キリスト意識が働きにくかったのです。

ところで、キリストは磔《はりつけ》にされて死んだというのは半分嘘で、実は生きていました。そして、テレポーテーションして、聖地巡礼の旅のように世界各地をひっそりと回ったのです。その中のひとつに日本があり、立ち寄った場所として四国の剣山《つるぎさん》などの名前も挙がっています。

キリストはただ単に世界を回っただけではなく、その土地にキリスト意識、あるいは

エネルギーを埋め込んでいき、儀式によるパワースポット化を行いました。

日本では、青森でかなり積極的に儀式を行ったようです。

その理由のひとつとして、青森にはピラミッドがたくさんあることが挙げられます。恐山のあたりや、八戸《はちのへ》付近などに自然物のような形で存在しています。考古学者にも公式にではありませんが、それを認めている人がいるのです。

青森県の大石神ピラミッド

青森県新郷村にある「キリストの墓」

新郷村では、子供を初めて野外に出すとき、額に墨で十字を書く。また、足がしびれたとき額に十字を書くという。ダビデの星を代々家紋とする家もある。

新郷村ホームページより

青森の新郷村《しんごう》にはキリストの墓といわれている場所があり、いまでも毎年「キリスト祭」として慰霊祭が行われています。キリストがそこで儀式をして、ある日突然テレポーテーションで消えてしまったのを住民が「亡くなった」と思い込み、キリストの墓をつくったのです。

キリストは、ヒマラヤ、エジプトなど、世界の名だたるパワースポットには全部行ったようです。北極と南極にも行っているでしょう。

今回、我々のアセンションを、キリストがエネルギー的に応援してくれています。日本でもパワースポットをつくったことから、日本に対する愛着もあるはずです。

アセンションにおける日本の役割

では日本人がアセンションの中心なのかというと、そこまでは言いませんが、役割としては大きいものがあるでしょう。

その理由としてはまず、日本人のエネルギー的なきれいさがあります。

確かに日本のスピリチュアルの世界にもトンデモな人はたくさんいますが、海外に比べるとずっとましと言えます。

よく「ヨーロッパの人は意識が高い」とか、「ヨーロッパは美しい」などと言う人がいますが、あれは間違いで、上位3~5％の富裕層や富裕地域をイメージしてそう言っているにすぎません。それ以外の人や地域は、そうしたイメージとはかけ離れています。

差別するつもりはありませんが、日本人は、想念としては、エネルギー形態としては、相当きれいなのです。

海外とは違うガラパゴス的な独自進化を遂げている点や、よいエネルギーの中で瞑想などを通じてエネルギーの入出力ができることも、日本人の強みと言えます。

確かに日本人は、言語の問題などもあって、海外で不利だったりはします。

しかし、ヨーロッパやアメリカの人間からすると、悪く言えば「お年寄り国家」ですが、でも「一番バランスのとれた楽園」みたいな扱いです。外国人観光客にとって、こんなによい所はないと言われています。

楽園といわれるのは、日本が貧しくなって物価が安すぎるというのもありますが、国民が非常に親切で治安もよく、街がきれいなことが何より評価されているのです。

だからヨーロッパの人間、たとえばイギリス人から見たら、日本は進化したニュージーランドという感じなのです。ニュージーランドも、のどかで静かで安全できれいで、ヨーロッパの富裕層にすごく人気があります。その「利便性が高くてなんでもある版」が日本なのです。


話は戻って、日本がスピリチュアル的に大きな役割を果たす可能性がある理由としては、日本独自のスピリチュアルが普及、発展しているということも挙げられます。

では、日本独自のスピリチュアルとはどんなものかというと、日本の八百万《やおよろず》の神の思想と、アメリカの影響を受けているという特徴があります。

アメリカで大きく流行《はや》ったものは、10年後、絶対に日本で流行るのです。スピリチュアルは基本的にニューエイジから始まっていて、ニューエイジは基本、アメリカのヒッピー運動から始まりました。

そうやってスピリチュアルが普及して、しかもそのうえで独自進化して、エネルギーの入出力が高度化されたものがある。結果として、ホログラフィーに対して大きな影響力があるわけです。


面白いのは、アメリカのものがそのまま日本で普及するかというとそうではなく、必ず日本流のものに変わることです。特有のやわらかいものになるのです。

アメリカのスピリチュアルはどうしても荒々しいところがあるので、非戦闘的なスピリチュアルをつくるのがちょっと難しい。

でも、アセンションイコール、極端なことを言うと非戦闘、戦争を放棄していくということ。これは、日本にあって海外にはない根っこです（これは、憲法9条とかとは関係ないところでの話です）。


日本国内の人はわからなくても、海外の多くの人は日本をかなり尊敬しています。

そして観光に来ると、もっとびっくりします。中国も、反日教育のために一般市民は日本を相当ひどい国と思っていたのが、旅行に来ると「すごくいい国だ」とびっくりして、反日教育の影響が薄れていきます。

世界からしたら、確かに雇用の制度的などの問題は多々ありますが、それ以外は楽園的要素が強い国です。今後の都市づくり、あるいは国のありかたとして、世界は日本をある程度お手本にできるところがあるのです。

そうした動きが広がっていく中で、非戦闘的な要素が多少は取り入れられていきます。結果として、非戦闘的なエネルギーが広がっていくので、アセンションしやすくなるという構造です。

▼キリスト意識とキリストがつくったパワースポットを活性化する

キリスト意識やキリストがつくったパワースポットは、一種のアセンションに必要な装置です。しかし、後の信徒たちがキリスト教を誤った方向に拡大していったために、その装置が機能を失ったり、あまり働かなくなったりしていました。

しかしいま、プレアデスが、装置を不活性化した因子を強制的に取り除くと同時に、装置を活性化するようなエネルギーを打ち込んでいます。

キリスト意識が活性化されることによって、直接的にも人間の意識が変わっていくし、プレアデスからの影響力も大きくなっていくのです。

キリスト意識やキリストがつくった日本のパワースポットは、前述の青森県新郷村、富士山周辺、人穴浅間《ひとあなせんげん》神社、山宮《やまみや》浅間神社、村山浅間神社、富士山本宮浅間神社、富知《ふじ》六所浅間神社、須山浅間神社、東口本宮浅間神社、北口本宮浅間神社、晴明塚、聖域の岬（石川県能登半島）、北海道の摩周湖、沖縄の久高《くだか》島などです。

また、富士山の火口や、世界では南極、フィリピン・ルソン島のピナツボ火山もそうです。

次にワームホールの活性化ですが、ここで言うワームホールとは、**プレアデスと地球をつなぐワームホール**のことです。

プレアデスと地球の間には、さまざまなエネルギーの層があります。地球圏内だけでも「物質、幽界、冥界、あの世、高次領域」という特徴の異なったエネルギーの層が存在します。

非物質の世界であっても、質のよいエネルギーを持っているプレアデスなどの存在たちにとって、エネルギー体のままで幽界、冥界を通ることは非常に苦痛を伴います。

そこで、ワームホールを使うのです。

UFOを使う時も同じです。あちら側とこちら側のエネルギーの周波数があまりにも異なっているので、**その差異をワープするためにワームホールを使います。**

本来ワームホールはたくさんあります。しかし、閉じてしまっているか、あるいは、開いていても、とても小さいトンネルになっているものがほとんどなので、活性化する必要があるのです。

ワームホールが閉じてしまった理由は、幽界、冥界の存在や地球のありかたもそうで

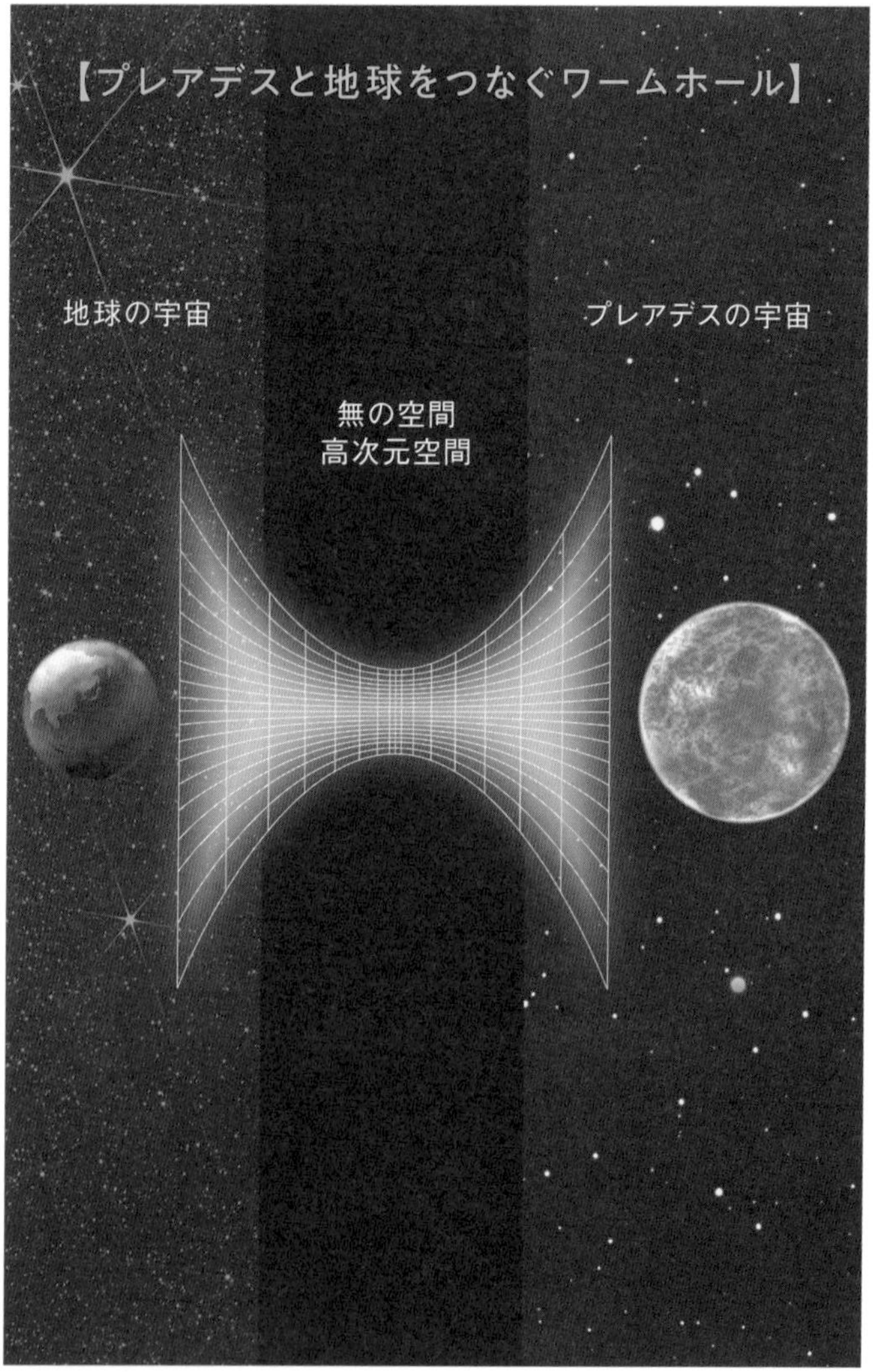
【プレアデスと地球をつなぐワームホール】
地球の宇宙
プレアデスの宇宙
無の空間
高次元空間

すし、そもそも地球人の多くが、見えない世界への概念や理解を失っていたためです。

逆に、レプティリアン系のおかしな存在とつながってしまい、その結果エネルギーの相殺が起きてしまうので、よいエネルギー、パワースポットのワームホール、意識としての想念形態がつぶれてしまうという状況もありました。

日本にはキリスト系ワームホールの場所が多い？

ワームホールは、あるエリアだけに集中的に存在する傾向もあります。

キリストが日本にけっこう長く滞在していたことを考えると、そのひとつが日本である可能性もあります。

実はアメリカにも多いのですが、一時的にもっともおかしな所、つまりレプティリアン系とつながってしまっていたので、正常に機能していませんでした。

でもいまは、プレアデスの手で、キリスト関係のワームホールやパワースポットが再び活性化しつつあります。

この取り組みは以前から行われていますが、とくにこの5、6年はより加速しています。

それと、日本にキリスト的なワームホールが多いのは、キリストが滞在していたこと、国としても人としても想念形態がきれいであること、独自のスピリチュアル進化を遂げていることが理由として挙げられますが、もうひとつは日本人の集団性が強いということです。

なぜ集団性が関係するかというと、瞑想やエネルギーワークは、基本的にひとりでやるよりも集団でやったほうが極めて高い効果を発揮するのです。1人より10人のほうが効果的なのはもちろんですが、10人いたら10倍ではなく、20倍30倍の効果になりうるのです。

日本人の密な行動集団性には、やはり特異的なものがあります。それを瞑想や祈りの場で発揮できれば、すばらしいパワースポットが誕生します。

しかも、もし巨大なキリスト系ワームホールの場所が存在するなら、そこで集団性をもって祈りや瞑想を行えば、ワームホールとつながり、あるいはそれがより強大化され、ホログラフィーに大きな影響を与えられます。

日本は世界のひな型なのか?

さらに、真偽のほどはわかりませんが、「富士山は地球のチャクラ」だとか、「日本は世界のひな型だ」とかいう説があります。確かにその傾向はあると思います。

日本は欧米と比べれば特異的ですが、けっこうバランスのとれた国民性を持っています。

欧米は荒々しく支配的だし、アジアの他の国はおとなしくて従順すぎるし、中国は元々「山賊たちが戦って勝者が王になる」の繰り返しでした。

日本のように、おとなしいけど実はケンカが強かったり、かつ、いまは生産性が落ちていてもなんだかんだ言っても極めて賢い、そういうバランスの取れた国はあまりありません。

同時に、世間一般の認識としては「集団圧力、空気の同調圧力が強い」とされていますが、実は日本ほど多様な文化、生き方、ライフスタイルが混在する国はありません。

生き方の多様性として、田舎はともかく、都市では変わった独立系の職業も山ほどあります。服装もみんな違うし、自由に着たいものを着ています。

欧米では、こういう服装の人はこういう階層だとはっきりわかりますが、日本にはほとんど階層がないし、上下の移動も簡単です。

文化も、同じ日本の中でもあまりにも異なっています。

たとえば京都と大阪、隣同士であそこまで住民の人柄が違いますか？　というくらい違いますね。大阪と東京も違うし、東京でも足立区と港区は全然違うし、新宿区もまた全然違っています。

日本は、実は両極を全部持っているのです。おとなしいけどケンカに強い。集団圧力も強いけれど多様性を持っている。情緒的だけど変に頭がいい。一番バランスが取れている。そういう意味で、世界のひな型だともいえるのです。

地球に何千人も存在している「キリストの生まれ変わり」

偉大な魂は、生まれ変わっていないのに、同時に生まれ変わったような状態も演じることができます。

亡くなったキリストは、いま現在はプレアデスにいながら、同時にもうひとつの魂が地球圏内に生まれ変わっているのです。

しかも、偉大な魂は、ひとつの魂がひとりの人間に宿るのでなく、何十、何百にも分かれて散らばっていきます。結果として、何十人何百人何千人もの人々が、「キリストの生まれ変わり」として地球に存在しているのです。

でも、スピリチュアルの世界によくいる「私はキリストの生まれ変わりだ」という人は、信じないほうがいいです。あれは「自分はあの芸能人と友だちなんだ」と言っているのと変わらないし、選民意識の表れでしかありません。

魂がいくつにも分かれる理由としては、地球にいるかぎり、ただエネルギーを変えればいい云々《うんぬん》ではなくて、現実的な動きが必要になるからです。そうすると、経営者だろうとスピリチュアル活動家だろうと、何をするにしても数が必要になります。

ひとりは所詮ひとりですが、50人、100人となると効率性が一気に増すわけです。

さらに、**偉大な魂は、地球上に生きている時だけ活動すればいいというスタンスではなく、実は長期的な展望に立っていることがあります。**

キリストも、あの時代に布教して世界平和を実現することを望んでいたわけではなく、今回に狙いを定めて活動していた可能性もあります。

むしろ、史実に記載されている時代には、自分の生きている間は絶対に世界平和は訪れないと、良い意味であきらめていたのかもしれません。

プロ野球の監督でも2種類いますよね。自分の在任期間にチームを優勝させる監督と、その期間はちょっと無理だけど、足場を作って次の監督に優勝させようと思って選手を育成する監督と。「この新人、今年中にいいバッターにするのは難しいけど、おれが退団した後の5年目にはいいバッターになっているだろう、そのためにいま一生懸命育てよう」みたいな人。それと同じようなものだと思ってください。

優秀な人ほど、先を見通したうえでの計画性が高いものです。

それならば、キリストの本格的な活動は、実は今生のそれなのかもしれません。

でも、ここは現実的な活動がものをいう世界なので、ひとりではいくら優秀でも難しい。複数の人間が必要です。弟子を育てても育たない可能性があるけれど、自分の魂が体に入ればちゃんと動いてくれます。だから片割れということをやるのです。

キリスト級、ブッダ級になると、魂が霊的に成熟しているので、エネルギー体を自在に扱えます。魂は単なるエネルギー体なので、自在に分身をつくれます。

それが片割れです。

生きているだけでパワースポット化する存在になる

片割れの魂が入った肉体の役目は二つあって、実際に何か行動していくことと、あるいは、**生きているだけで周りをパワースポット化する存在になることです。**

キリストも、あれだけ強大なエネルギーを持っていますが、世界のあちこちにパワースポットをつくっています。

ピラミッドも1個だけではなく無数につくってあります。

なぜなら、地球のエネルギー調整のためには、あちこちにワームホールがないといけないからです。要は携帯電話の基地局のようなものです。

ひとつの魂、ひとつのエネルギー基地局があるよりも、複数あったほうが、結果として共振共鳴するので、密な形でエネルギー領域が広がっていくわけです。

仮に魂の片割れが100個あるなら、100人が世界に散らばっています。

本人が意識できているかはさておき、それらがネットワークをつくることで、密なエネルギー領域を生み出せます。だから、より大きく世界的なパワースポットを設置できるわけです。


付け加えると、キリストの魂は確かに霊的に成熟していますが、特別な存在ではなく、あくまでもプレアデスの存在の一員に過ぎません。

プレアデスの中の「やる気のある熱い特攻隊」みたいなものです。熱くなければ、あんなぼろきれ1枚着て迫害されながら布教するなんて、やっていられないですよね。


そういうキリストの熱い魂の片割れを持った人たちが、いまも地球にいるわけですが、残念なことに、地球は生きるのが大変な星です。

だいぶ軽減されたとはいえ、幽界冥界のエネルギーがまだ重すぎるのです。

しかも、そういう魂を持った人に限って生きるのが下手すぎるし、日常生活のトラブルに弱いし、元々情緒的に不安定です。

それによってネガティブなほうに引っ張られてしまうので、魂云々とかパワースポット云々まで手が回りません。結果として、社会に埋もれていってしまうのです。

たとえば、「日本にキリスト教が全然普及しないから、頑張って布教しようと思って宣教師が日本に来たけど、ゴミの出し方もわからないし日本語もわからない。そっちの対応に追われて布教活動どころじゃない、意識もそっちに向かわない」というのと同じようなものです。

そういう状態になっているのを、プレアデスがエネルギーで強制的に軌道修正することで、キリストの片割れとしての魂のエネルギーが活性化します。

それによって、行動、注意、エネルギーの方向がコントロールされ、本来の役目を果たせるようになるのです。

地球のコアに存在するクリスタルグリッドの活性化

プレアデスが地球のエネルギー的な乱れの調整を行う際は、具体的には、**地球のコアに存在するクリスタルグリッドを活性化させます。**

グリッドとは、電子管の陽極陰極のバランスを取るために、間に置かれる格子状の電極を指します。そのグリッドの地球版の、超巨大なエネルギーを持ったものを、プレアデスが活性化するのです。

アセンションに向かっていくうえで、磁場はすさまじく乱れます。

陰も陽も強くなります。

強くなるのはいいのですが、バランスを取ってくれる存在がないと、片方の極はひたすら熱くなって片方の極はひたすら冷たくなる、そんな状態になってしまいます。

その結果、アセンション症候群的に心身を壊す人が増えてきてしまうので、そのバランスを取るのが、地球のコアにあるグリッドの役目です。
ちなみに、アセンションが加速されている時に起こる不調とは、フラッシュバックが頻発する、過去への怒り、憎しみ、悲しみが強くなる、雲の上を歩いているような浮遊感が続く、ウツ傾向が続く、ソウウツを繰り返す、診断のつかない範囲で体調不良を起こす、感覚過敏が強くなる、理由なくイライラする、頭がボーッとし続ける、偏頭痛が増える、悪夢を観る機会が増える、地震が起きたかのような錯覚を覚えるほど体が振動する、突然、体が浮き上がるような平衡感覚の乱れが起きる、耳鳴りが増える、転ぶ、ぶつかる、が増える、睡眠の過多、もしくは減少、日中、慢性的な眠気に苛まれる、などです。

グリッドといっても、現実に電子回路的なものが存在するわけではありません。
そこにあるのは、ほぼエネルギーとして存在するクリスタルです。
アトランティスで使われていたのと同じようなものです。
そのクリスタルグリッドが、霊的なエネルギー、あるいはエネルギーによる極端なS

とNのバランスの崩れた形の活性化を抑えたり、あるいは穏やかにしています。

でも、ただ自然な状態で存在するものだと働きとして弱いので、クリスタルを活性化させる必要があるわけです。

活性化の方法は、現実的には熱、振動、超音波ですが、それと同時に、霊的にはエネルギーを与えるという方法が使われます。パワーストーンに気を入れると、色が変わるのを見たことがある人もいるでしょう。あれと同じ現象を起こすのです。

プレアデスがクリスタルグリッドに対してエネルギーを打ち込む、結果として、SとNの極端なバランスの崩れた形の活性がなくなり、アセンション症候群がずいぶん減るという流れです。

▼地球と金星をつなぐエネルギーを強化する

極端な言い方をすると、地球がよくなるためには、単純に「芸術、高度な知能、高度な直観」があればいいだけです。

それを担当している星、もしくはホログラフィーのひとつとして、金星が挙げられます。星の性質からの影響や磁場といったものもありますが、ホログラフィーとしての役割を果たしているからこそ、地球に影響を与えるのです。

確かに、本来はブラックホールがホログラフィーの役割を果たしますが、ブラックホールからのホログラフィーがそのまま地球に投影されているのかというと、そうではありません。国と自治体の関係に似て、「国、県、市、区」というふうに監督官庁が徐々に下がっていくイメージです。

そういうわけで、プレアデスの情報が地球に届くまでには、変圧器のように、間に何らかのエネルギー体を挟む必要があります。そのひとつが金星です。

プレアデス、金星、地球というひとつのルートがあります。

でも、残念ながら、金星はちゃんと働いていたものの、地球に対して影響を及ぼすには至っていませんでした。そのために、これまでの地球は、知能、直観、芸術面が弱かった面があります。占星術で「星の影響が弱くなる」という表現を使いますが、まさにそういう状態だったのです。

そこで、プレアデスが介入します。地球と金星をつなぐエネルギーは元々あるので、プレアデスがそれを強化するか、もしくは音叉《おんさ》のように地球と金星を強制的に振動させる、もしくは地球のほうを強制的に振動させます。

そうすると音叉として共鳴現象が強くなり、結果として金星からの影響が強くなり、地球人の知性、直観、芸術性が高まります。結果として地球がよくなるのです。

▼妖精――「大地に根づいた高次の意識体」を活性化する

地球圏内の妖精とは、いろいろな理解はありますが、氏神《うじがみ》様みたいなものだと思ってください。「**その土地に根づいた高次の意識体**」という位置づけだからです。

霊体でも、守護霊は個人だけ見て、宇宙存在は地球全体を見ているという違いがあるように、意識体も、その土地だけを見るか全体を見るかの違いがあるのです。

「警視庁」と「交番」の違いみたいなものと思ってかまいません。

「地域の交番」にあたるのが妖精です。

また、妖精と聞くと、植物についているような妖精を思い浮かべる人もいるかもしれません。あれは、同じエネルギー体ではあるけれど、そこまで人や地域に積極的に働きかけるものではありません。植物があるからそこにいるという自然霊のような存在で、ここで言う妖精は、それよりもっと賢く力のある存在です。

氏神様がちゃんと働いていないと、その地域にはトラブルが起こりやすいといわれています。引っ越したらそこの氏神様に手を合わせるとか、正月も、遠くの大きい神社や寺に行くより、まず氏神様に手を合わせるとか、そういう心がけが必要です。

氏神様があまり機能していない地域も多く、そういう地域では否定的なエネルギーが優勢になってしまいます。交番が少ない場所に犯罪が多いように。

そこで、**プレアデスが氏神様＝妖精のエネルギーを活性化して、土地ごとに波動を上げていく活動をしているわけです。**

ちなみに「妖精」と「天使」は別の存在です。

地球圏内の天使と関わりが強い存在としては、ひとつはプレアデスが挙げられます。というのは、地球に対して望ましい影響を与えるような行動をしてくれる意識体は、すべてではないけれど、プレアデスとのかかわりがあるのです。

天使にも三つほど種類があって、天使界として存在している天使と、プレアデスなどの宇宙存在で天使だと勘違いされているもの、あとはプレアデス存在の亜種みたいなものです。

プレアデスにも天使に似た存在がいるわけです。

天使は、分けようと思えば大天使、中天使、小天使と分けることができます。大天使や中天使だと、指揮エネルギー系統、あるいはエネルギーが違いすぎて妖精を動かすことはできませんが、小天使ぐらいになると、妖精との対話やエネルギー的な共鳴や活性が可能になってきます。

天使界は、あの世のちょっと上から高次元の間ぐらいにあります。

基本的には地球圏外の宇宙的な天使が多いですが、地球圏内にも天使がいます。

▼視覚化されやすいＵＦＯを送り込む

プレアデスは、人類の目に触れやすいＵＦＯを地球に送り込んでいます。

ＵＦＯを見ることによって、人類特有の制限不自由が取り払われるからです。

それは当然、意識変革になります。

ＵＦＯを意識するイコール、巨大なワームホールが開きやすくなるという図式です。同時に人々の注意が地球圏外に向きやすくなり、当然、非物質次元に感応しやすくなります。中にはそれで変な所とつながって潰れてしまう人もいるけれど、高次元ともつながりやすくなるのは確かです。

では、なぜプレアデスのＵＦＯなのでしょうか？

ＵＦＯは、どの星のものでも簡単に地球にやってこられるのかというと、そうではありません。

地球はまだエネルギーが重い星でもあるので、毎回入ってくるのは大変だという星人、もしくは星もあります。でも、プレアデスは地球の兄弟星で親和性があるので、ある程度入りやすいのです。

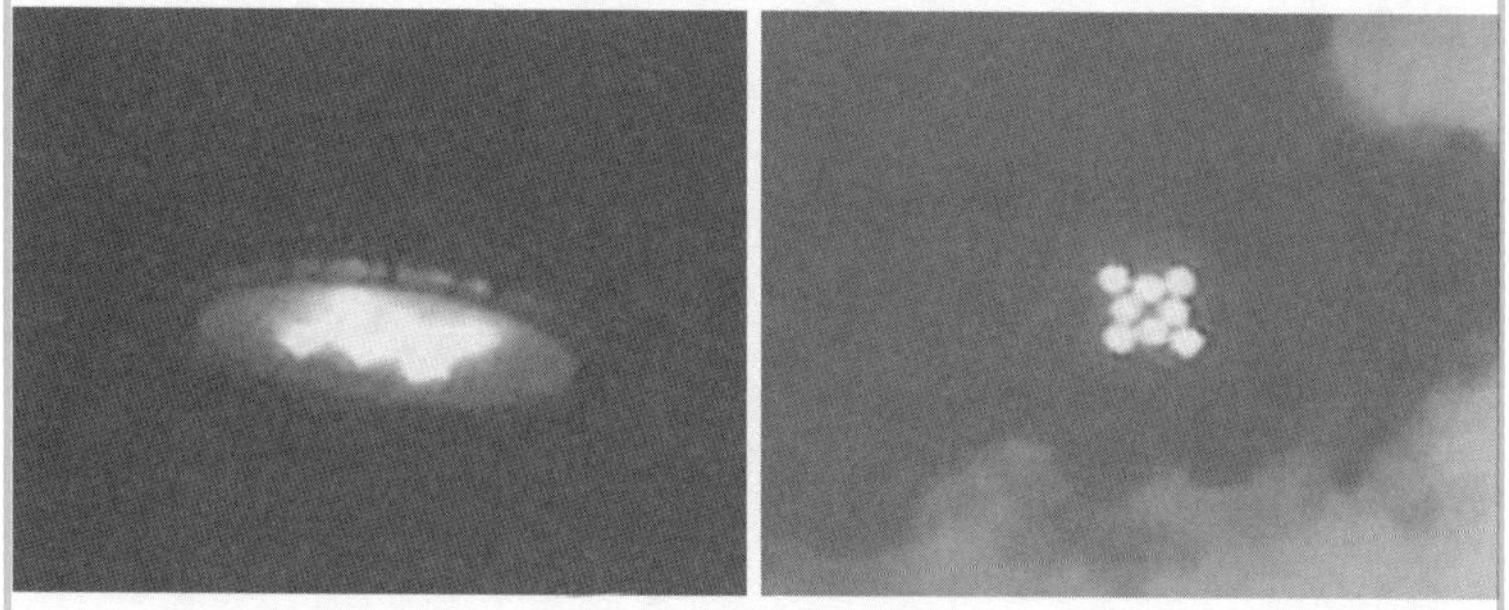

2012年６月15日、オーストラリアに現れたUFO

2012年５月12日、中国広東省に現れたUFO

2010年７月９日、中国に現れたUFO

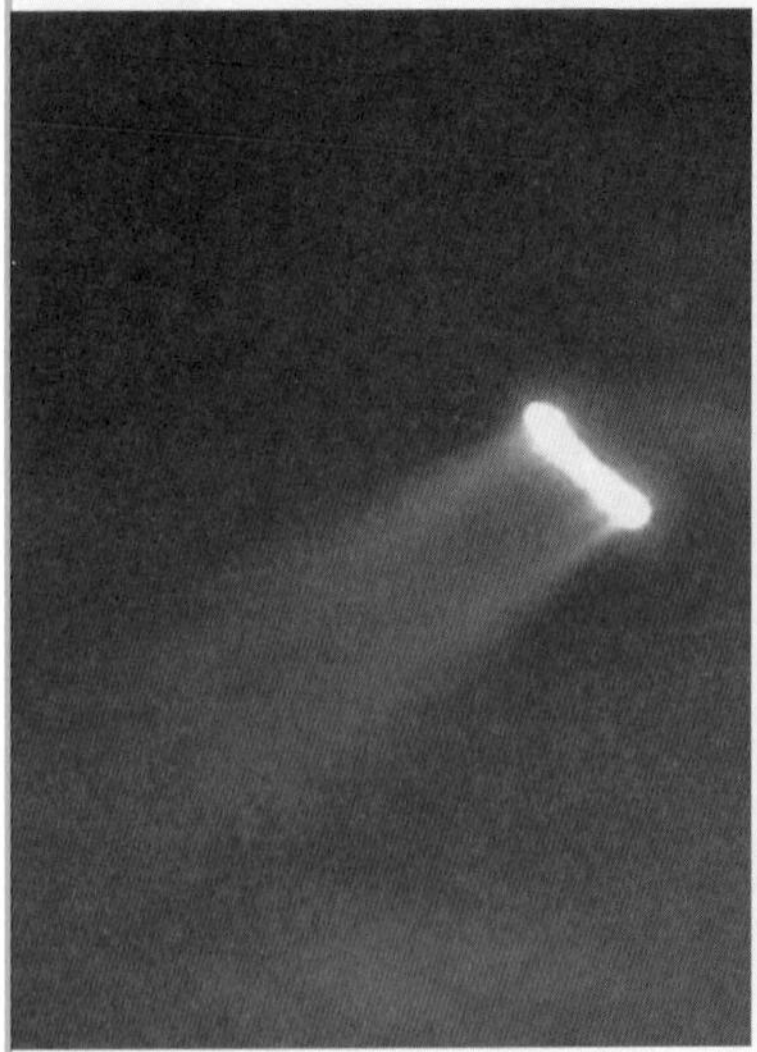

2009年３月、イギリスのサウスハロー上空に現れたUFO

新疆のウルムチ上空に現れた正体不明の飛行物体。2010年６月30日

また、地球に入ってきたとしても、視覚化されるくらいに波動を落とすのはかなり難しいという問題があります。波動を落とすことはできるけれど、とんでもない負荷がかかるのです。

その点でも、やはりプレアデスは兄弟星なので、視覚化されやすい状態まで波動を変えたり落とすことはある程度容易です。

同時に、波動を落とせば何でも地球人類に見えるかというと、これも見やすいものとそうでないものがあります。見やすいものとしては、元々同じ魂だった星のUFOが挙げられ、**地球にいる大多数の人の魂はプレアデス由来なので、プレアデスのUFOは見やすいといえます。**

プレアデスがUFOを送り込むのには、そういった意味があるのです。

▼サナトクマラの活性化

サナトクマラは金星のトップかそれに近い高次の存在であり、金星を統治している存在です。

クマラはいろいろな場所に降りているはずですが、そのひとつが鞍馬寺《くらまでら》である可能性は高いです。クマラの活性化は、地球と金星とのつながり、そしてプレアデスとのつながりが強化されることを意味します。

プレアデスから直接地球にエネルギー体が介入するよりも、同じ太陽圏内の金星のほうがより積極的に介入できるし、影響を与えられるのです。

ある種、プレアデスよりもクマラのほうがエネルギー体としての介入が積極的に行われ、場合によっては、クマラが地球圏内の今回のアセンションの担当といえるかもしれません。

プレアデスの魂を持った人たちは、ある意味で金星とのつながりが強いので、プレアデスやキリストが直接影響を与えるよりも、クマラが活性化して直接的に影響を与えるほうが、はるかに大きな変化が起こる可能性があります。

エネルギーの活性や共鳴というのも、ひとつの方向から、あるいは1種類で行えばいいというものではなく、2種類3種類のエネルギーがあったほうがより効果的なのです。

もちろんプレアデスとクマラは同種のエネルギーですが、間に挟んでいる変換機、変圧的な役割があるので、やはりエネルギーの系統や刺激のしかたが若干変わってきます。

そういう意味で、異なった影響を与えられるプレアデス星、プレアデス星人、キリストがいると思っていい。そしてそのクマラを活性化させるには、クマラあるいは金星だけで自己完結的に活性化するのは難しく、より上位のものが必要になってきます。

それがプレアデスというわけです。

SFでも、死んだ星を生き返らせるためにレーザービームを撃ち込み、それで生き返った星が地球に影響を与えたりするストーリーがありますが、そういう作業が必要だということです。

▼地球内部の「アセンションした地球」と物質地球を連動させる

地球の地底世界の存在については、意見が分かれるところですが、物質としての地底世界はおそらくないでしょう。

でも、エネルギー体としての「アセンションした地球」は、地底に存在する可能性が高いといえます。

それが仮に物質的に視覚化されたなら、「超進化した星」ともいえます。

そして地球内部の「アセンションした地球」は、ただ単にそれがひとつあるのではなく、そこには太陽圏、あるいは広大な銀河圏が広がっているのです。

「地球内部にはマグマがあるんだから、地底世界なんてあるわけない！」と思う人もいるでしょう。

物理的にはその通り。でも霊体、エネルギー体になれば物理的な制限を受けないので、エネルギーとしての地球内部の宇宙はそこにあるのです。

場合によっては、そこが高熱であればあるほど振動数が高まるので、より存在しやすくなります。

余談ですが、太陽圏内に天使という存在は何種類かいますが、その中のかなり高次の者として、「**太陽に住む天使**」というのが挙げられます。

天使はもちろんエネルギー体です。

燃え盛っている太陽は波動が高いので、かえってエネルギー体が存在しやすいのです。

また、地底世界にはエネルギー体としての人々も生活しています。

でも、地球内部に閉じこもっているわけではなく、**地球内部に無限の宇宙があり**、その中にポツンとアセンションした星があるという状態です。

そこまで広大な宇宙や地球が広がっているなら地球と無関係かというと、そんなことはありません。エネルギー体としての広大な宇宙も地球も、すべて物質の地球に内包されているという矛盾した状態です。

地球内部に無限の高次領域が広がっているのです。

物質の地球とアセンションした地底世界は、極めて近い関係にあって、同時に物理的にも近い関係にあるので、波動共鳴しやすい特性を持っています。

地球内部に広がっている宇宙空間の中にもプレアデスの星があり、そのプレアデスの星と、物質の地球圏内のプレアデスの星が連動し合う。

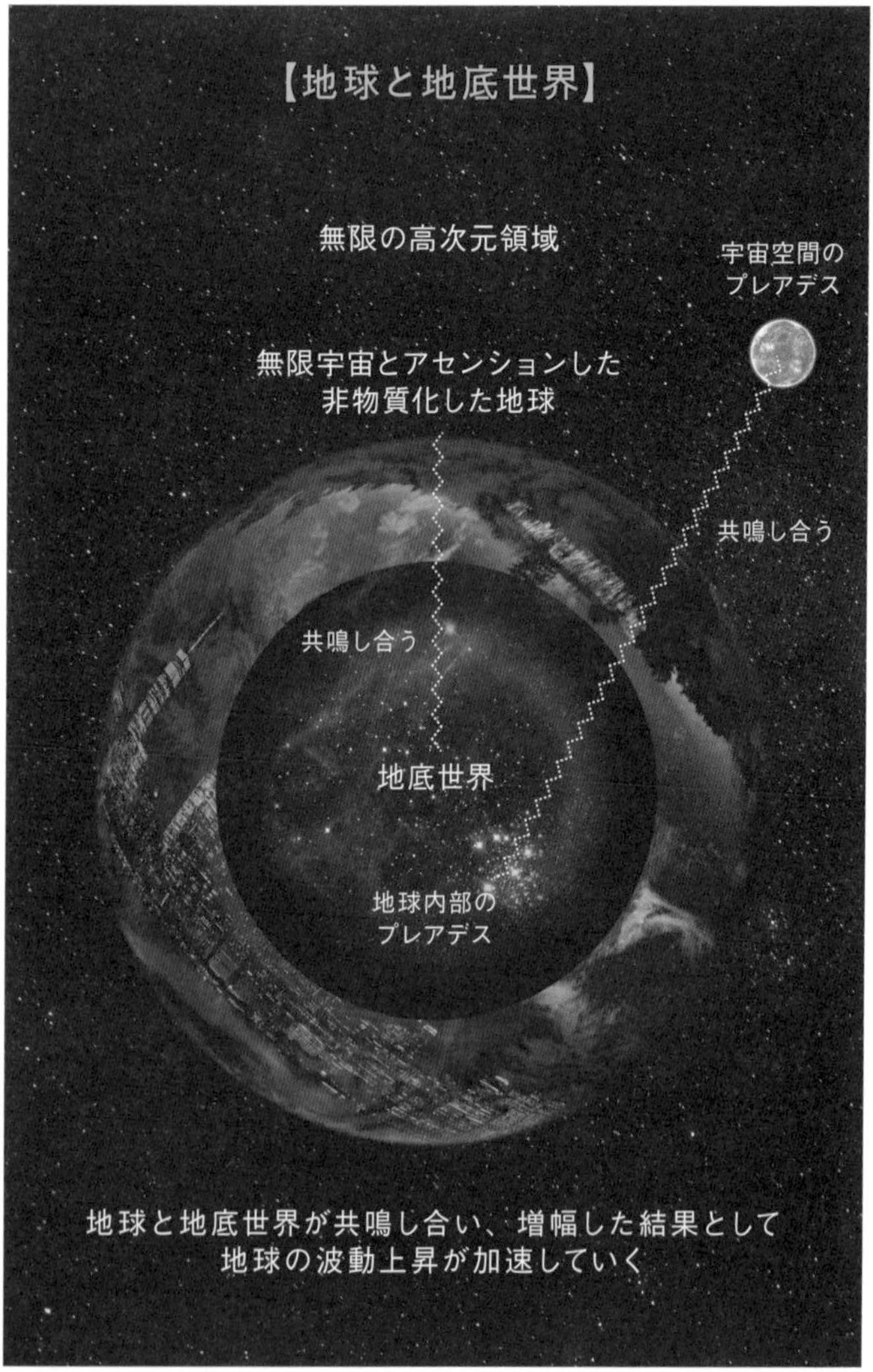
【地球と地底世界】
無限の高次元領域
宇宙空間の
プレアデス
無限宇宙とアセンションした
非物質化した地球
共鳴し合う
共鳴し合う
地底世界
地球内部の
プレアデス
地球と地底世界が共鳴し合い、増幅した結果として
地球の波動上昇が加速していく

それによって今度は、この地球と地球内部にある次元上昇した地球が波動共鳴しやすいように、振動をお互いに放出する。

そして、地球もAという周波数を出して、内部のアセンションした地底世界もAという周波数を出して共鳴し合う、共鳴し合うから増幅する、増幅するから結果としてこの地球の波動上昇が加速していく。そういったことが行われています。

▼日本に関係した龍神を活性化する

龍神の役目としては、エネルギーの活性や、変なエネルギーの侵入を防ぐこと、もしくは現実的な成功をもたらすこと、松果体《しょうかたい》を中心とした覚醒の促しなどがあります。

そしてもうひとつ、日本は龍の姿をしているので、日本そのものが龍を守護神としている可能性があります。

しかも、龍を龍神として崇《あが》めている国は、世界にあまりみられません。龍はたいてい悪者とされています。もちろん、日本でも悪者とされる面もあるし、実際に悪さする面もありますが、基本的に龍を龍神と扱っている国といえば、やはり日本です。

本来龍神は、よくいえば力強くてリーダーシップがあるけれど、悪くいうと僕と同じで、人の下に立てないとか、人に指図命令されるのが大嫌いといった面があります。

龍神の短所のひとつとしては、勝手きままに動いてしまったり、自発的に日本や個人に対して介入してくるかというと、そうでもないところがあります。


ただ、龍神は、基本的にサナトクマラの言うことは聞く傾向があるのです。

本来はその性質上、指示系統から外れているけど、サナトクマラの指示系統の中には、ある程度入ってくれるのが龍神です。したがって、**サナトクマラが、地球に影響を及ぼすうえで龍神を活用する可能性があります。**

そのサナトクマラを誰が活用するかというと、プレアデスです。

プレアデス、サナトクマラ、龍神という指揮系統があるわけです。

世界の根源的構造における龍神の位置づけは、あの世の存在です。

本物ではない似非龍神は、冥界にいます。

龍神は水の神様でもあります。水害を収めてくれることもあれば、思いきり引き起こすこともあります。

龍神の弱点のひとつとしては、頑張ってくれるのはいいのですが、無駄に災害を起こすという点があるのです。必ずよい面とセットになっているので、一概に悪いともいえないのですが。そのよい面というのは、地球にとってもそうですが、日本にとってとくによいのです。


元々持っているエネルギーを活性化してくれるのと、日本人は、エネルギーの質がよいけれど出力が若干弱いのが弱点なのですが、それを強化してくれる存在のひとつが龍神なのです。

他には不成仏霊を食べてくれたり、ワームホールから入ってくる変な邪気を防いでくれたりします。

僕も時々、100〜300mぐらいの龍神をラジコンのように操って、飛ばしたりして遊びます。そうすると、その一帯が浄化されていくのです。

▼良心的な野心家を導く

いまの日本は経済面で弱くなってきています。

イノベーションの弱さも原因のひとつです。その要因のひとつに、新興企業の誕生が少ないことがあります。起業する人は当然野心家であり、よい野心家がたくさんいれば新興企業が生まれ、結果イノベーションが起こり、それによって経済が回ります。

そうするとどうなるかというと、三つあります。

一つ目としては、技術革新が進んでいくので、『2040年の世界とアセンション』（徳間書店）に書いたような世界に近づいていきます。ぜひ参考になさってください。

二つ目としては、**お金の余裕イコール想念の余裕**ということです。

人の優しさは人格ではなく、金銭的、物質的、時間的な余裕からできあがっています。経済が豊かになることによって多くの人の人格がまともになってくるので、その結果、瞑想とか霊的な活動にも邁進できるし、想念形態もずいぶんきれいになります。

実際、経済が停滞すると自殺や犯罪が増えるものです。スピリチュアルがこれだけ普及してきたのも、資本主義で豊かになったからこそです。

三つ目としては、これからの資本主義あるいは経済は、経済が発展すればするほど環境がよくなっていくという、よい意味で矛盾した状態になっていきます。

環境がよくなるということは、元々日本に山ほどあるパワースポットに関係した意識体が、活性化していくことになります。

そうすると**日本の波動が上昇していき、日本は世界のチャクラなので、地球全体のアセンション、波動上昇が加速されていくわけです。**

そのために、プレアデスは良心的な野心家を導いていきます。

なぜそれが必要かというと、そもそも人が成功するためには、努力ではなく、遺伝的素質と偶発的な運だけがものをいうからです。

努力に意味がないということではなく、遺伝的素質と偶発的な運と、適切な内容を選択できるという条件で、はじめて努力が成り立つということです。

「何でも努力で解決できる」というのは大嘘です。

何が言いたいかというと、成功には偶発的な要素がとても大事だけれど、そういう偶発的要素を生み出すためには、個人としての想念、それと「何ものかによる差配」が必要なのです。

その差配において、龍神系の存在が必要になってきます。

ご存じのように、龍神は、物質的あるいは社会的な成功をもたらす神としても祀り上げられています。

そこで、プレアデス、龍神の指揮を担当するクマラが動くことによって龍神を活性化させ、それによって良心的な野心家が活躍する下地をつくります。

そして新興企業が育つ、イノベーションが起きる、日本がよくなっていく、その結果、世界全体がよくなるという流れができるのです。

ここまで、アセンションにおいてプレアデスの果たす役割について解説してきました。プレアデスが、他の高次元存在とも連携しながら、懸命に地球のアセンションをサポートしていることがわかっていただけたことでしょう。

この章の最後にあらためて言っておきたいのは、「アセンションゲートは閉じない」ということです。

スピリチュアル界では、いまだに、ことあるごとに「もうすぐゲートが閉じる。それまでに意識が変わらないとアセンションできない」などと、不安や恐怖を煽《あお》る人たちがいます。

でも、そんな言葉を信じる必要はありません。

アセンションに期限はない。

あなたは自分のペースで進めばいいだけです。

地球・プレアデス・エササニの三位一体と、高次元の意図

第2章

僕のハイアーセルフであるプレアデス人について

プレアデス人は、基本的にはヒューマノイド型で、地球人そっくりです。

僕のハイアーセルフで、過去生でも未来生でもあるプレアデス人（彼との出会いについては、この後の第3章で書いています）は、僕に似ているのですが、あちらのほうがはるかに美男子です。

黒のストレートの長髪で色白、二重まぶたで、鼻が高い。おそらく男性だと思いますが、雰囲気、動作、エネルギーが中性的もしくは女性的です。

交流が活発になっていくうちに、彼の性格がだんだんつかめてきました。

物静かで、感情の振れ幅が少なく、淡々としています。

冷たい印象はありませんが、合理的な思考を持ち、優しい性格です。つまり、僕から短気、攻撃性、せっかちさ、反権力、反体制、反抗的態度をなくしたようなものです。

知性にあふれ、ヒーリング、芸術に長《た》けていて、エネルギーは軽く細やかです。

地球に対しては、現実的な視点を持っています。僕は彼で、彼は僕ということですが、彼の美しさを受け継げなかったのが、最も悔やまれるところです。

プレアデス人の見た目は25～30歳で、総じてみんな美しい

僕がいた当時のプレアデスは、人口が約2億人。

その肉体を50億ほどの魂が使っています。

複数の魂が、入れ替わりに肉体を使わせてもらうというしくみになっていて、使われていない肉体は土に埋まっています。

蘇生型のエネルギーに満ちているので、地球の土葬と違って土に埋まった体が腐ったりすることはありません。

使用中の肉体もそうではない肉体も、老化することがないのです。

肉体だけではなく、あらゆるものが腐敗、酸化することがない。まさにアンチエイジングの苦労とは無縁の世界なのです。

プレアデス人の見た目年齢は、25～30歳ぐらいです。いまの地球でいう白人や日本人のような容姿の人が大半で、総じてみんな美しい。

いわゆる宇宙人としてイメージされるような形ではなく、いまの地球人と同じヒューマノイド型が主流なので、みなさんがプレアデス人を見てもあまり違和感を覚えないだろうと思います。

ただ、プレアデス人の身長は3～4メートルもあるので、遠くから眺めるのが一番よいかもしれません。

彼らが服を着ていることは稀で、そのかわり白く輝くオーラを身にまとっています。

第1章でも触れましたが、彼らの中には、実はＡＩロボットが紛れ込んでいて、その割合は4％。ＡＩロボットの見た目はまさにプレアデス人そのものです。

体の内部には内臓も格納されていて、実に精巧なつくりをしています。

ＡＩロボットは潜在意識やアカシックレコードにアクセスすることができ、プレアデス星に住む動物たちの意識進化を促すという役割を担っています。

太陽が発する蘇生エネルギーを使うので、プレアデス人は食べることもない

プレアデス星は深い森に覆われており、建物らしい建物はほとんどありません。

ピラミッドやエネルギーの磁場調整のような建物がわずかにありますが、人が住むような構造にはなっていません。プレアデスの人たちは寝ることがないので、住居というものを必要としないのです。

プレアデス人は食べることもありません。年に一度ぐらい、大豆のようなエネルギーボールを摂取します。

それ以外には、太陽から発せられる蘇生エネルギーを使っています。

「年に一度ぐらい」と書きましたが、実際のところ、プレアデスにはこれといった時間の概念がありません。地球の時間に換算したら年に一度ぐらいの割合に相当しますが、本人たちからすれば、自分のエネルギー状態を見て、食べる時間を判断しているにすぎません。

プレアデス人は、非常に穏和《おんわ》であたたかな感情に満たされています。なので、憎しみ、悲しみといった否定的感情はこの500~600年の間（これも地球時間に換算した場合の期間）、ほぼ経験していません。当然、病気もありません。

プレアデス人の中で最も進化しているのはクモ型です。クモというと毒を持っていたり見た目が怖かったりして地球ではあまり好かれる存在ではありませんが、プレアデスでは全く違います。

クモ型のプレアデス人は、エササニ星人や未来生の地球人たちと、現在の地球について今後どうしていくか、頻繁に熱い議論を交わしています。

「未来生の地球人と現在の地球の今後について」と言われてもわかりづらいと思います

が、時間の概念がない世界では、こんな不思議なことが起こり得るのです。

プレアデスでは、オリオンをはじめ悪玉宇宙人が地球に発する否定的なエネルギーをブロックする日々

プレアデスで生きていた当時の僕は、医科学・政治学・芸術表現を中心とした活動に従事していました。

芸術という部分を除けば、現在の地球での暮らしとさほど変わりません。

その人のコアになる部分というのは、どの星のどの時代に生まれても変わりようがないものなのです。

僕は、オリオンとの政治調整に専心していました。

その頃は、オリオンをはじめとした悪玉宇宙人たちが地球に向けて否定的なエネルギーを発していたのです（悪玉と書きましたが、当のオリオンからしてみたら、僕たちのほうがまぎれもない悪玉なのでしょう。善と悪はコインの裏と表みたいなもの。これは、

いまの地球でも同じことがいえます。宇宙普遍の問題ですね）。

僕は、そのエネルギーを抑制したり消したりするための結界づくりをしていて、エネルギーを動かすための瞑想を毎日長時間行っていました。

そのときも貪欲《どんよく》に知識を求めていて、アカシックレコードのようなところから情報を延々とダウンロードし続けているような状態でした。今の生活もそうですが、知識をむさぼる姿というのは、傍目にはかなり異常に映っていたことでしょう。

地球の様子が気になって、ＵＦＯを使って頻繁に状況を観察しに行きました。

当時、地球の幽界は、物理世界の地球を破綻《はたん》させてしまうほどに過剰活性化しており、僕の懸念材料となっていました。僕は、エネルギー体となって直接幽界に入り込んで幽界の活性を抑制するための活動をしたり、結界をつくったりして地球を守っていました。

本書にある読者の皆さんのための素敵な特典（カバーをめくったところ）と左ページにある、**僕が皆さんに提供している高次元エネルギーマークは、体外離脱でプレアデスに行った時に目にしたものです。**

第2章

地球・プレアデス・エササニの三位一体と、高次元の意図

最初にあれと同じ形をした建物をプレアデスで見て、それをシンボルに落とし込んだのです。

プレアデスのエネルギーカードの使い方は、お守りとしてはもちろん、カードの上にパワーストーンや宝石、メガネなどの小物を乗せると浄化になるし、部屋や玄関に置けば、イヤシロチ化されます。また、ｉＰｏｄなどの携帯プレイヤーを乗せておくと、音がクリアになります。ＣＤの上に乗せておいても、音が波動音になります。

また、ポットや水差し、ワインや日本酒などを乗せておくと、味がよくなり、おいしくなります。財布の中に入れておくと、金運アップにつながります。

話は戻り、前回とはまた別の体外離脱でプレアデスに行った時は、このエネルギーマークと同じもので、半径１キロぐらいの超巨大な金属状のもの（金属とエネルギー中間みたいなもの）が、右回りに超高速回転しているのを見ました。それは大量のエネルギーを放っていました。

その金属状のものの管理も、プレアデス時代の僕の役目のひとつでした。

僕はその作成者でもありました。

ＵＦＯに乗る時はフリーエネルギーだけではなく、水晶や核融合炉、波動変換機で瞬間移動する！

プレアデス関係のＵＦＯは古典的な円盤型が多く、円盤型になる前の発展途上のＵＦＯは、地球のステルス戦闘機のような形になっていることが多いです。僕にコンタクトしてきた意識体は、どら焼きのような円盤型のＵＦＯによく乗っています。

ＵＦＯの内部は、真っ白な無限に広がる空間です。

異次元空間と言えます。

ＵＦＯに乗る時は純粋なフリーエネルギーだけではなくて、水晶や小型の核融合炉、そして波動変換機も活用していました。

先述の通り、基本的には真っ白に広がる空間ですが、ホログラフィーの大元であるブラックホールの創生や保持、活用も可能なので、どんな空間も作り出すことができます。

1956年７月17日、南アフリカ。プレアデスのUFOは古典的な円盤型が多い。またUFOは、銅、アルミ、シリコン、ニッケル、アルゴン、マグネシウムで組成されており、大きさや硬さは変幻自在

1952年、アメリカのニュージャージー州で

2009年、イギリス、イーリー大聖堂の上方に浮かぶUFO

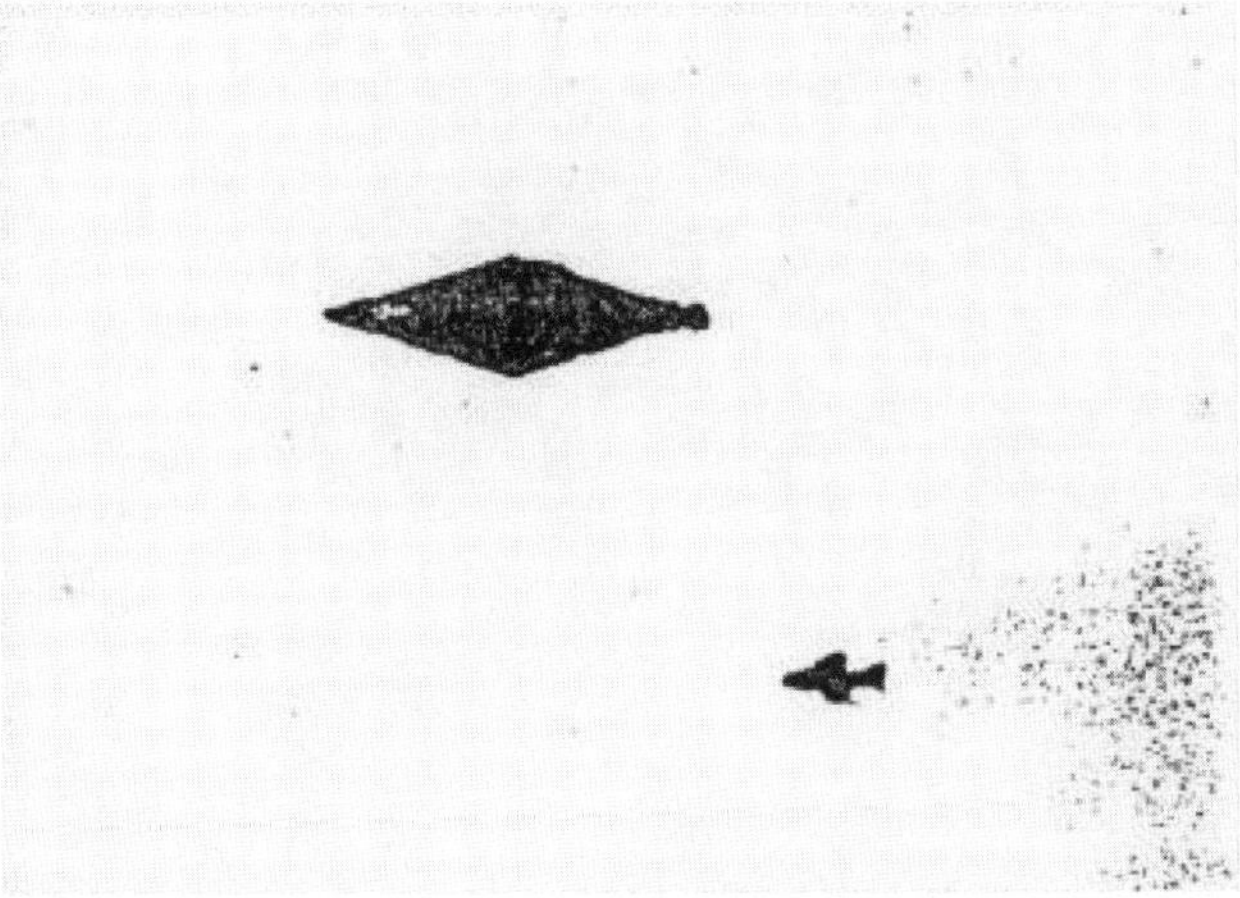

1990年８月、スコットランド上空に現れたエササニのUFO

1978年３月１日、カナダに現れたUFO

ブラックホールは、ＰＣ画面を投影するプロジェクターのような働きをしています。草原を作りたければ草原、海を作りたければ海、宇宙空間を作りたければ宇宙空間が、瞬時に現れます。

それは、仮想現実ではあるものの限りなく実体を伴っています。

彼らは別の星を訪れる際、その惑星を構成するホログラフィーや惑星、民を宇宙船の中に作り出します。

そしてその仮想現実の中に身を置いて、予行練習を行うのです。

彼らはエネルギー体として存在しているため、エネルギーが大きく異なってしまうと、思うような活動が行えなくなるために、予行練習をしておくのです。

世界で発見・目撃されるのは、プレアデスのＵＦＯ

ＵＦＯは、銅、アルミ、シリコン、ニッケル、アルゴン、マグネシウムで組成されていますが、大きさや硬さは、変幻自在です。

製造時は仮に直径1mほどであったとしても、必要に応じて地球よりも大きくしたり、原子よりも小さくしたりすることができます。透明にすることも可能です。

宇宙空間を瞬間移動する時は、到着地点の波動をUFO内部にあるナビゲーションシステムに取り込み、行き先を設定します。

その後、UFO付近に超高出力のプラズマを放出してワームホールを作り、目的地と現在地の空間的距離を数センチほどに縮めます。

その穴を通れば、目の前に目的地が現れるというわけです。

世界で発見・目撃されるのは、ほとんどがプレアデスのUFOです。

前述の通り、プレアデスは地球に介入する宿命にあり、波動周波数が近いため、よく目撃されることになります。

驚くかもしれませんが、人間で、地球生まれ、地球育ちという人はほとんど存在しません。大半はどこかの星から来て地球人をやっています。

その中でおそらく一番多いのが、プレアデスの民です。

そのため**地球の人間の多くは、プレアデスのエネルギー周波数をまだどこかに持っているのです。**だからこそ、プレアデスのＵＦＯを目撃しやすいという一面もあるのです。

古代マヤ人もプレアデスと接触していたようです。

僕がプレアデス人からメッセージを受け取る方法

僕がプレアデス存在と、どのようにコンタクトを取っているかをお話しします。

プレアデス人からメッセージを受け取る時に一番多いのは、僕の肩に降りてくるというパターンです。

チャネリングは、チャクラの７番（クラウン）や６番（サードアイ）で行うのが常ですが、肩や肩甲骨のチャネリングチャクラを使うことも割とあります。

元々僕は、チャネリングチャクラが過剰活性しています。そのため、よいもの悪いものにかかわらず、意識体を憑依《ひょうい》させやすいのです。

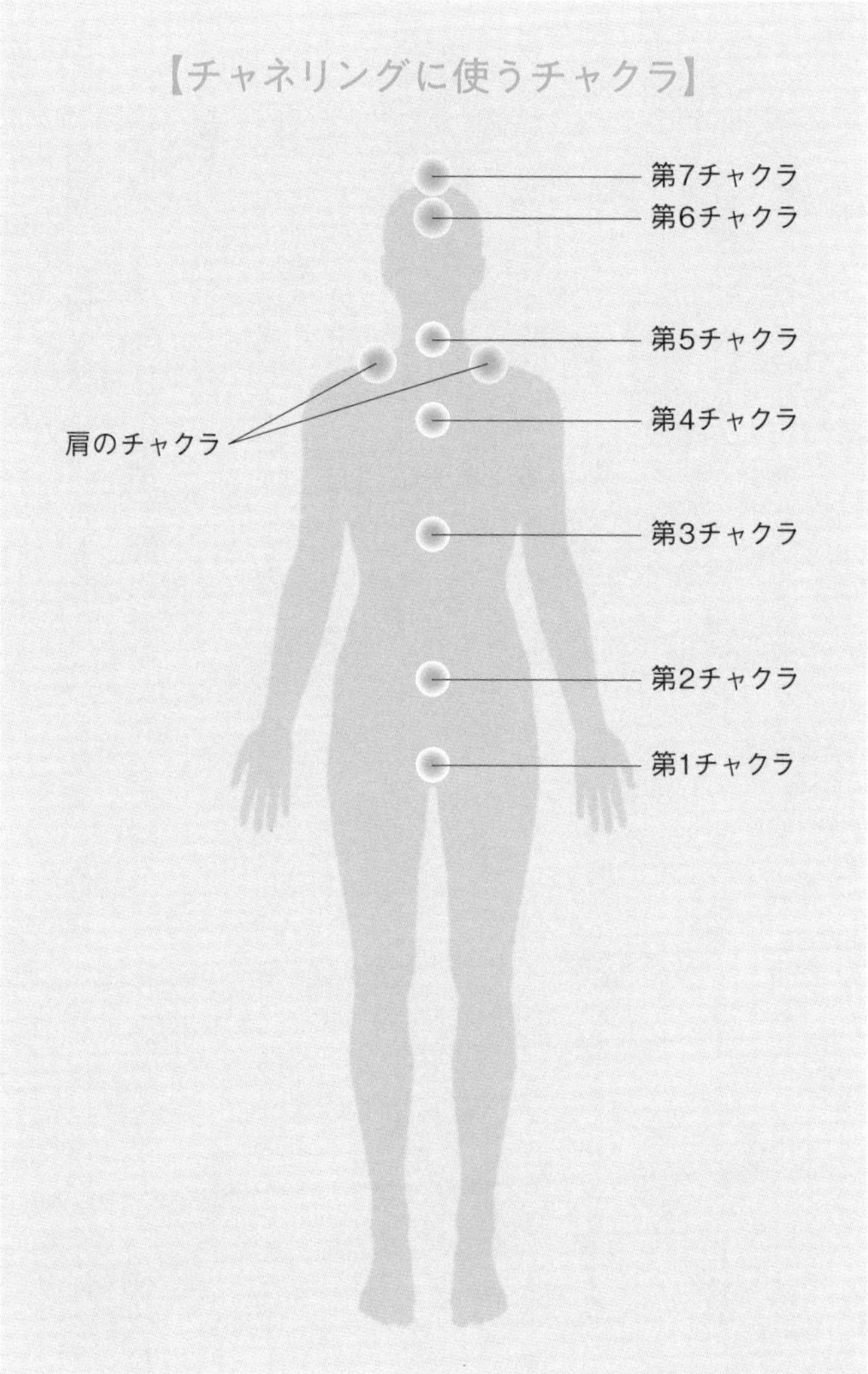
【チャネリングに使うチャクラ】
第7チャクラ
第6チャクラ
第5チャクラ
肩のチャクラ
第4チャクラ
第3チャクラ
第2チャクラ
第1チャクラ

憑依させる場所は、大体、肩のあたりです。

僕は、陰陽道の術を使って式神《しきがみ》も呼んでいました。式神についてはいろいろな理解があるのですが、ここでは低級神や低級霊のことを指しています。彼らを呼ぶと、いつも肩のあたりにやってくるのです。

こういう元々の体質と、訓練して癖づけされたものが合わさって、プレアデス存在を呼ぶ時も、肩のあたりに呼ぶほうが楽なのです。

また、エネルギーとしても安定しやすいので、対話しやすくなります。


プレアデス存在が降りてくると、肩のあたりがモワッと熱くなります。ウニョウニョ動いている感じもします。コンディションのいいときは、会話感覚でやりとりすることも可能です。

ただ、そういう状態は少なくて、雰囲気的なもので伝えてくることがほとんどです。

それは言葉や文字、映像で飛んでくるのではなく、もっと抽象的な、においや空気、優しそう、怖そうといった雰囲気が臨場感を伴って、僕の頭や感覚に伝わってくるのです。それを言語化して理解するわけです。

プレアデス、エササニ、地球は三位一体の星

プレアデス、エササニ、地球は、実は三位一体の星です。

親戚関係なので、必然的に何らかの形で交流が起こります。

地球のアセンションにおいてプレアデスが果たす役割は第1章で述べましたが、エササニについても少し触れておきましょう。

エササニのエネルギーが地球に与える影響は、たとえば次のようなものです。

・幸福感を感じやすくする
・フワッとした根源的な概念を与える
・地球特有の深刻癖を軽減させる

・「幸せになることは容易であること」を思い出させてくれている
・大衆を先導する

エササニがふわっとした概念的エネルギーを与えると、プレアデスが地球人にわかるように、ある程度現実的な周波数に変換します。

それを受け取った地球人が現実化させると、またエササニが新たな概念をつくる……というふうに、三つの星の間で循環が起こっているのです。


ただ、三位一体の中で、今はエササニと地球のつながりがちょっと弱くなっています。

エササニの星の特徴のひとつとして、地球人からすると、エササニは地球のことをあまりわかってくれていないところがあります。

なぜかというと、彼らは元々地球人と似ていたのですが、地球のような地獄までは知らないのと、いまは地球とは対極の状態に振り切って幸せであること。また、地球では、何かを現実にするには物理的な細かい過程を通らないといけないですが、エササニには

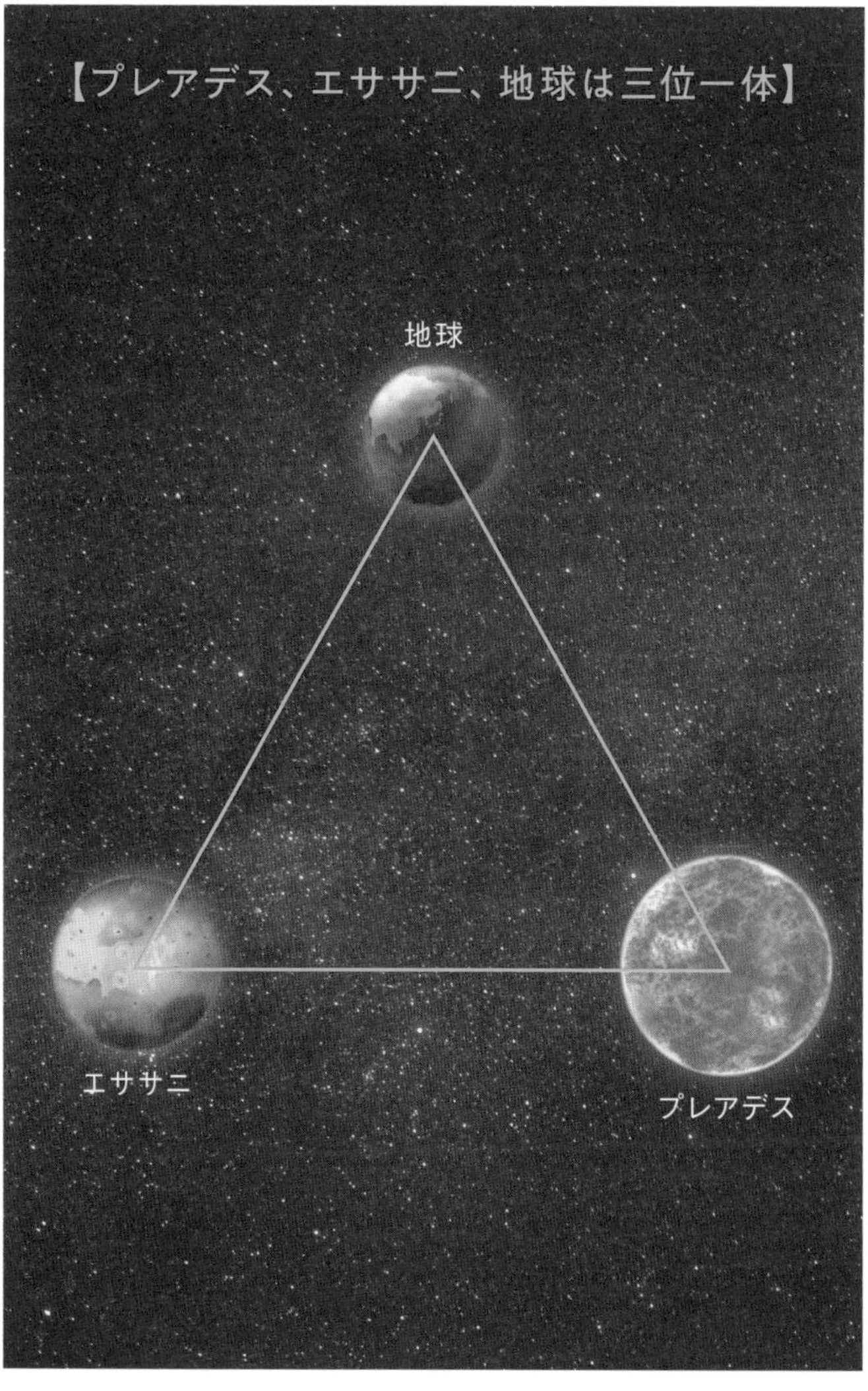
【プレアデス、エササニ、地球は三位一体】
地球
エササニ
プレアデス

そこまでの制限はありません

「思うイコールエネルギー」的な要素が、昔から強かったのです。

そうすると、アドバイスするにしても具定例を示せないので、どうしても抽象的な概念にとどまってしまいます。質問の答えが「観念を変えればいいんです」などと言うだけなので、それを聞いた地球人は、「実際にどう変えればいいの？」と思うわけです。

ゆえに結果として、エササニのメッセージは、人類にとってよい哲学はもらえるし、思考的な感銘は受けるけれど、現実的に活用したり変えたりするのは難しい、となります。

つまり、大きな意識の方向づけ、注意づけはできるものの、現実的な環境や自分の変容に至るのは難しいわけです。元々エネルギーの世界に生きていたエササニの意識体（バシャールなど）には、地球人のおかれた状況が理解できないので、現実的な情報を出すのが難しい傾向があります。

それをより具体的に変換してくれるのが、自分たちの兄弟星のプレアデスです。

プレアデスは地球ほどの困難は経験していませんが、かなり似た過去をもっているのと、最も近い兄弟星なので、地球の苦しみや難しさ、エネルギーや思いだけでは一筋縄でいかないことがわかっているので、情報としてもエネルギーとしても、ある程度現実的に変換してくれます。

バシャールと、あるいはエササニとチャネリングする人の話は、大半は哲学的でふわっとしています。

一方、プレアデスからの情報は、確かにふわっとした人生論的なものもありますが、実は既存の科学を根底から変えたような、現実的な知識あるいは知恵となっているものがたくさんあります。

エササニの抽象的なものをプレアデスが変換してくれて、地球人がそれをとらえて現実に展開して、現実や地球人類を変えた。

そうやって変わったところを見て、エササニがまた別の新しい抽象的なことを言って、あるいはエネルギーを与えて、それをプレアデスが変換して地球人が変わっていく、その連続という面があるのです。

最新宇宙情報――「膜としての宇宙」

僕が「この世界は仮想空間だ」と言う理由は、そのしくみが映画館とまったく変わらないからです。

昔の映画館にあった映写機を思い浮かべてください。そこから光情報が投影されて薄い膜に仮想現実がつくり出されています。その世界（スクリーン）の中では、薄い膜にもかかわらず距離や広さが存在します。この世界もそれと同じなのです。

僕たちの宇宙では、「これは丸い」とか「立体だ」とか認識していますが、それはあくまでも中の人間が見たらそうであるだけで、外部から見たらペラペラの紙のようなものです。**この世界は、高次元の情報が投影されているスクリーンです。**

高次元空間に、紙が何億枚も何兆枚もぷかぷか浮いている。その中に宇宙や地球の出来事が展開されているだけなのです。

でも、自分たちは距離や広さがあると錯覚している。

「実際に距離はあるじゃないか」と突っ込みたくなるでしょうが、映画の中でも、あの薄い膜の中で距離があると感じている、それと一緒です。


余談ですが、ビッグバンとは、高次元空間に浮かんでいるたくさんの膜宇宙が時々ぶつかって、それが大爆発して新しい宇宙をつくっている、その連続にすぎません。

たくさんの宇宙ができることはできるけれど、多くの場合、星や人間などを構成するに至るちゃんとした要素が少ないので、すぐに崩壊していきます。

もちろん高次元空間に浮かんでいる膜宇宙と、普段僕が言っているホログラフィーや高次元のこととはまた話が違ってくるのですが、こちらは物理的な宇宙という感覚でとらえてください。

そして、**膜は無限に存在します。**

そうすると、微妙に違う自分が存在する膜宇宙も存在することになります。

それがパラレルワールドということです。

宇宙はインフレーションから始まった／宇宙次元のパラレルワールドと無限に宇宙ができるしくみ

宇宙の広さに関しては諸説あり、たとえばハッブルの法則から割り出される数値では138億光年とされていますが、実はそうではなく、あくまでも「138億光年まで測れますよ」ということ。実際の宇宙は無限の広さをもっています。

なぜ無限といえるのか。

よく「宇宙はビッグバンから始まった」といいますが、あれは間違いで、正確に言うと**宇宙はインフレーションから始まっています。**

つまり、インフレーションとは空間が広がること。ビッグバンは空間を広げたエネルギーが光や星やガスに変わること。そういう違いがあります。

「光の速度を超える物質は存在しない」といわれます。それは正しいのですが、ただそこには空間に対しての定義づけがありません。

だから、インフレーションという空間が広がる定義に関しては、光速をはるかに超えている可能性があって、こうしている間も空間は無限に広がっています。


このことから、いくつかのパラレルワールドを想定することができます。

まず、空間が広がると、そのエネルギーがビッグバンに変わるので、星がたくさん生まれます。その中で、太陽系とか、同じようなものが無数に出来上がっている可能性が高い。つまり、そういう意味でのパラレルワールドが存在します。これが一つ目です。

また、たとえばサイコロ。インチキや超能力を使わないで、同じ目が7回出たら奇跡ですが、無限の回数サイコロを振れるという条件なら、奇跡でもなんでもないわけです。

それと一緒で、僕たちは素粒子の組み合わせのパターンにすぎません。

宇宙は無限の広さを持っている。

ということは**無限のビッグバンが起こっている。**

ということは、**無限の素粒子のパターンが出来上がっているのです。**

それなら、完全に瓜二つの素粒子の組み合わせができている星もあれば、微妙に違うパターンの星もあります。あなたが本を書いて、僕が読者になっている星もあるのです。これもある種パラレルワールドですよね。これが二つ目。

三つ目、宇宙の多重発生については、いまの物理的な宇宙の話に近いものがありますが、インフレーションがこちらで起こると、こちらで餅が膨らむように別の宇宙空間ができるというモデルがあります。

餅は焼けると膨らみますが、大半はパチンとはじけます。

でも宇宙における多重発生は、平べったい膜宇宙がぷくっと膨らんだら、もともとの餅がありながら、膨らんだほうがどんどん大きくなって、パイプのようなもの（＝ワームホール）でつながりながら、元の餅から徐々に離れていくのです。そのパイプが最終的にぷちっと切れて、こちらで新たな餅という宇宙が出来上がるわけです。

そうして独立した餅が、またしばらくするとぷくっと新しい餅を作って、徐々に糸が切れていってまた独立した宇宙になる。

そうやって無限に宇宙ができていくのです。

四つ目、スピリチュアルでいわれるパラレルワールドというのは、「いまここにいる自分と、無限の選択肢の自分が存在する」という「シュレーディンガーの猫」的なものですが、「それを自由に選び取れますよ」という話で、願望実現に使われます。

(「シュレーディンガーの猫」は、実際にそういった現象が起きるという意味でシュレーディンガーが提唱したのではなく、彼は、むしろ「意識が状態を決定するわけではない」という反論として用いています)。

五つ目、無のゆらぎからの宇宙誕生。ブラックホールには当然量子も何もないのですが、無であったとしても、ゆらぎは絶対に存在します。

ゆらぎがあるということは、**無だけれど、必ずそこにエネルギーが存在する**ということなので、結果として、それがビッグバンに結びつく可能性があるということ。

無の中から宇宙が生まれてしまう。それは当然この宇宙とは別の宇宙だから、パラレルワールドですよという話。

この五つが、基本的に、現実的な宇宙次元においてのパラレルワールドです。

他の宇宙からダークエネルギーが流れ込んで来ている

「宇宙の膨張」が言われ始めたのは、ハッブル望遠鏡などの高精度の望遠鏡で観察すると、同じ星が徐々に遠ざかっているとわかってからです。

逆に、「宇宙はやがて収縮に転じる」という説もあるようですが、それはありません。むしろ膨張が加速しています。

それは、**ダークエネルギーやダークマターといった宇宙を広げる因子が、他の宇宙から流れ込んで来ているからです。**

宇宙の膨張によって起こりうることは、二つあります。

一つ目は「**宇宙リップ**」といって、すべてが引き裂かれる。僕たちを構成している分子原子も広がってしまい、結合することができなくなって、すべてが消滅します。

もうひとつは「**宇宙フリーズ**」。分子原子の構成がほどけるほどではないけれど、たとえば地球と太陽系の距離があまりにも広がりすぎて、地球が凍結するといったことです。

将来的には、「宇宙リップ」か「宇宙フリーズ」のどちらかが起こるでしょう。

そして、今後も他の宇宙からのダークエネルギーの流入は加速していくので、宇宙の膨張も加速していくだろうと考えられます。

なぜ高次元はコロナウイルスを使ったのか

ここで、新型コロナウイルス（以下、コロナ）の出現についてもふれておきましょう。

超本質論で言うと、すべては高次元が生み出しています。

神の上に無機質なスーパーコンピュータのような存在がいて、それがすべてを作り出し、ひとつ下の存在が物事を差配していくのですが、それが神なのです。

そういった意味では、コロナも当然、高次元が生み出したものです。

では、なぜ高次元がいまの地球でコロナを使ったのでしょうか。

そこにはどんな意図があり、これからの社会に、そしてアセンションにどんなふうに関わってくるのでしょうか。

人類とウイルスの歴史から、順にひもといていきます。

▼人類はウイルスと共に進化してきたという事実

若干進化論的なものが当たっているとするならば、遺伝子の変化によって人類は変わってきたのですが、人類が変化するためには、人間同士の交配や環境の変化だけでなく、ウイルスの存在が絶対に欠かせなかったのです。

これは科学的に説明することができます。

まず、人間の遺伝情報（ゲノム）のうち、人体を構成するタンパク質をコーディングしているのは2％にすぎません。

一方、8％ほどを占めるレトロトランスポゾン（Retro-transposon）という部位は、レトロウイルス（Retrovirus）とほぼ同等の構造（塩基配列）をしています。

レトロウイルスとは、RNAを持ち、生体細胞に感染するとDNAに転写され、宿主の染色体に組み込まれるウイルスのことです。

それと同じ構造が遺伝情報の中に存在するということは、人間の先祖、つまり原始真核細胞が、進化を繰り返して無毒化したレトロウイルスに感染することを繰り返した名残だと考えられます。

つまり、**レトロウイルスたちは、長い年月をかけて人間という真核生物のDNAに入り込み、共生することに成功しているのです。**言い方を変えれば、真核生物のDNAに入り込むことによって、「半永久的に生存する力」を勝ち取ったウイルスなのです。

一方、我々真核細胞生物も、ただDNAにウイルスを迎え入れるだけで終わってはいません。

たとえば、妊婦の体が、本来は異物である胎児を受け入れられるのは、胎盤に「免疫寛容」というしくみがあるからです。その免疫寛容のキーである合胞体栄養膜を形成する際に、重要な役割を担うシンシチンは、エンベロップウイルス（Envelopevirus）が宿主細胞に入り込む際に使うタンパク質です。

ということは、たまたま原始真核細胞がエンベロップウイルスに感染し、エンベロップウイルスが原始真核細胞のＤＮＡに入り込み、そこで一体化した遺伝情報を、生物が進化する過程で、胎盤という臓器を作る際に利用したと考えられます。

逆の言い方をすれば、胎盤を作るという遺伝情報は、我々（真核細胞生物）がウイルスから獲得したということになります。

こうしたことからもわかるように、基本的には、ウイルスが一方的に悪かというと、けっしてそうではありません。ウイルスには人類を進化させる面があります。

多様性という形でＤＮＡを進化させてくれるのです。

もうひとつ、ウイルスを制圧、コントロールすることで科学が大発展して、それによってさまざまな問題が大幅に減ってきたということが挙げられます。

人類の歴史はウイルスとの闘いでした。

まず、それによって公衆衛生が大発展しました。それによって乳児死亡率が低くなり、現時点において人類史上ここまで清潔に恵まれた時代はありません。いろいろ不満もあるでしょうが、これは厳然たる事実です。

そして、いままでの地球のルールとして「苦しみや問題の中から進化していく」というものがありました。その点でもウイルスは「ちょうどいい存在」だったのです。

このように、人類はウイルスと共に進化してきたという事実がまず挙げられます。

▼コロナが必要以上に騒がれたことで、科学の大発展が進みつつある

では、今回のコロナがなぜこれだけ世界に大きな影響をもたらしたかというと、二つの要因が考えられます。

まず、そもそも10年に1回はパンデミック騒動が起こっているのが現実です。

今回はあくまでも、ネットが普及しているうえでのパンデミックだったので、無駄に騒ぎが広がってしまったという面があります。

二つ目としては、確かに欧米における重症・死亡率は高かったですが、基本的にコロ

ナは感染性の高い弱毒傾向のウイルスです。

にもかかわらず世界中で注目されたので、結果として、かつてのスペイン風邪のような膨大な被害を出さずに、後々の科学の大発展につながっていく可能性があります。スペイン風邪では18億人中、6000万人以上の人が亡くなりました。当時はとんでもない被害だったのに、そこから学べませんでした。

でも現代では、ウイルスによる感染死や重症化は大幅に減っているし、そこから多々学ぶことができています。

まだ治験の段階であり、運用に慎重さは求められますが、RNAメッセンジャーワクチンも、実は人類の大発明です。

これによって今後、副作用が少なく有効なワクチンを作れる道筋がついたという面もあるのです。エボラ出血熱や豚インフルエンザなど、他のやっかいな既存のウイルスを叩ける可能性も出てきました。いままで人類が手も足も出せなかった、遺伝子欠陥による遺伝病も克服できる道筋がついています。

また、そこから別の医療にも応用されれば、結果としてさらに人類は苦しみから解放されていくでしょう。

ワクチンが作られるということは、他の医学の発展も加速するということです。創薬に対してもウイルスは使われるし、これから再生医療を行って行くうえでもウイルスの見地が絶対的に必要になってきます。第4章でふれるクリスパー技術(遺伝子改変技術)も、ウイルスの研究によって生まれたもののひとつです。

このように、ウイルスにおける感染症の歴史においても、実は被害よりも利益のほうが高まってきている時代なのです。

亡くなった方々、苦しんでいる方々、その関係者には大変申し訳ないですが、だから今回のコロナには、ある種、神の恩寵《おんちょう》ともいえる部分があるのです。

▼ワクチン論争は、慎重派と反対派を分けて考える

ただ僕自身、現在のRNAメッセンジャーワクチンに大賛成というわけではありませ

ん。ＲＮＡワクチンは大発明だと言っても、受け入れられない人がいることも承知しています。

たとえば、「お医者さんでもワクチンに反対する人がいるんだから、危険なものに違いない」と考える人もいるでしょう。

それに関してはより俯瞰《ふかん》した見方が必要で、ワクチンを批判している人を「反対派」と「慎重派」に分けないといけません。

慎重派の主張はもっともだと思います。

確かに治験は進んでいないし、過去にワクチンは人類を救ってきましたが、その過程でいろいろやらかしているのは事実だし、作っている側も、場合によってはとんでもない副作用が発生してしまうこともわかっているからです。そういう理由で「慎重であるべきだ」と言っている人も、中にはいます。

一方、反対派には、医者でもはじめから反医学の設定の人がいます。根本から設定を間違ってしまっていて、そういうバイアスで見てしまう人たちです。

その中のある人などは、ｉＰＳ細胞すら「バカだ」と全否定しています。

もうひとつ、単純に反ワクチンの立場で食べている人たちもいます。そういう情報を流すことで人を呼び込んで利益をあげているのです。

実際に、今回のワクチン騒動で一番儲かっているのは反ワクチンの人たちです。

医者であったとしても、現代医学に疑問を持ちながらも、「実際、結果が出ているし」と支持している人もいれば、「現代医学のすべてが間違っている」という設定の医者もいます。「どちらのバイアスから入っていますか？」ということです。

僕は、データからして「世界は一貫してよくなっている」と思っているので、否定的なことが起こったとしても、世の中はどんどんおかしくなっているなどと思いません。「よくなっているけれど、時々はそういうことあるよね」と思っています。

でも「世の中が終末に向かっている」というバイアスの人は、否定的なことを目の当《ま》たりにすると、「日本人はどんどん劣化している、世界はおかしくなっている」というバイアスで判断します。

だから、「データをどこから採っているか」「どんなバイアスか？」ということなのです。

確かに、急性疾患に対しては西洋医学が優秀です。

でも慢性医学に対しては、歯が立たないことがあります。

通常の医者から見ても、慢性医学に関しての対処がおかしいと思えるところがあるのです。もしそこだけを見てしまうと、「西洋医学、ふざけるな」となるでしょう。実際にトラブルが起こっていれば、「やはりワクチンも信用できない」となる面もあります。

あと、医者であるかどうかにかかわらず、事実をデータでなく「主観で見る人」はけっこう多いのが現状です。

▼陰謀ありきの言説にはまって現実を見失わないこと

もうひとつ、どうしても反ワクチンの人は宗教化しやすく、グループ化しやすいところがあります。お金も入るし、支持されやすいし、ＳＮＳで簡単に閉鎖的なコミュニティと化していくので、ますますそちらの方向に先鋭化していきます。

でも、見ていると、彼らの主張がどんどん変わっていることに気づきませんか。

コロナに対しても、最初は「人口削減のための陰謀だ」と言っていて、でも、そこまで人が死なない。次にワクチンが出てくると、「人間を５Ｇにつなげるための陰謀」と言い出して、どうもつながらないらしいとなると、次に「人のＲＮＡを変えるため、あるいは女性を妊娠させないための陰謀」というふうに、次々に主張が変わってきています。

つねに「何らかの破滅的な陰謀ありき」で語っているということです。

「コロナはビル・ゲイツの人口削減計画の一環だ」と言っている人もいますが、ゲイツは人口削減などとは一言も言っていません。

彼は、「多産多死を防ぐことができますよ」と言っただけです。

「世界の人口は、このままだと90億人程度まで増加するが、新ワクチン、保健医療、生殖関連で十分な成果を収めれば、予想される増加分の10％から15％抑えることができるかもしれない」と言ったのです。

あと、陰謀論者というのは、何も創り出せないけれどヒーローにはなりたい人たちです。だから敵を作る必要があります。

「批判して、かつ闇の勢力に立ち向かう設定、カッコイイ」なのです。しかも、どんなに騒いでも、自分に攻撃が来ないことがはっきりわかっているので、言いたい放題です。実際、「闇の勢力と戦う」と言っている人たちは、自分の会社の上司には絶対文句を言いません。

タレントで、若干人気がなくなってくると、一気に左翼的な発言が増えてくる人たちがいますが、「オレは芸能界から消されてもいい、世界をよくするために」とか言いながら、有力なプロダクションや大手テレビ局の悪口は言わないですね。それと一緒です。

陰謀論者は、批判すると返り討ちに遭うような相手は、けっして批判しないのです。

結論として、ワクチンに関して慎重派であるのはいいですが、なりふりかまわぬ反ワクチン派の言葉を鵜呑《うの》みにしてはいけないということです。

▼コロナによってデジタル化を加速させ、人間の意識を変えていく

もう一度流れを整理しましょう。

まず、コロナで10年に一度のパンデミックが起こった。そして、SNSによってその認識がより強化されてしまった。コロナは世界中で騒がれているけれど弱毒のウイルス、あるいは弱毒のわりに騒がれるウイルス。だから強毒性のウイルスのような被害を受けることなく科学が発展し、人間社会の変容が進む。

これが大きなポイントであり、神の恩寵であったということです。

そうでなければRNAワクチンも生まれなかったし、デジタルシフトもないし、テレワークも絶対に進まなかったのです。

それから、日本は大不況で、コロナによってそうなっているといわれますが、あれは半分間違いです。

正確に言うと大不況ではなくて、二極化がとんでもなく進んだだけです。

製造業は過去最高益を叩き出しているし、アメリカのＧＡＦＡもこぞって最高益を叩き出しています。ただ、日本では旅行業や接客業が落ちました。あくまでも二極化が鮮明になっただけなのです。


「いままで〝二極化なんて存在しない〟と言ったじゃないか」と言われるかもしれませんが、その二極化にも、「よい二極化」と「悪い二極化」があります。

よいほうは、豊かになった結果、富めるものがより富む。それは構わないですよね。

もうひとつは、一見悪くなっているようでも、あくまでも流動性を高めるための二極化にすぎないということ。

経済は残酷ですが、古い産業はどんどんつぶれてしまい、新しいものに生まれ変わります。つぶれた側の人たちは大変ですが、そういう新陳代謝が必要になってくるのです。

今回はあくまでも、コロナに対応できなかった業種は一時的に業績が落ちますが、対応できるようになれば、コロナ後もより稼げるようになります。

ネットの出現で多くの職業が淘汰されましたが、同時に多くの職業が生まれたのと同じことです。

しかも、ネットが進むことによって、スターシード傾向の人たちにはより生きやすくなる未来が待っています。

コロナがスターシードを後押しする

▼ジョブ型への移行でスペシャリストとして働ける

デジタルシフトは、仕事がジョイント型からジョブ型に変わることを意味します。

ジョイント型は一か所に人が集まって、集団という人間関係を形成して、その中で人間関係を調整しながら事を進めるやり方です。そして役割分担が不明なまま、さまざまな同時並行処理で仕事をしていきます。

ジョブ型はいろいろな定義がありますが、一か所に集まる必要はなく、役割を決めて完全な分業制でやっていきます。仕事さえやっていけば、あとはどうでもいいのです。

ジョブ型に変わることでどうなるかというと、まず、スターシードは現実的には発達障害の人たちです。彼らはゼネラリストでいることが難しい。適しているのはあくまでもスペシャリストなのです。

ジョブ型によって就業形態が集団から個へ移行し、求められるスキルが、総合事務職・ゼネラリストからスペシャリストになっていくので、結果としてスターシードは働きやすくなるし、能力を発揮しやすくなっていきます。


これからますます契約型の働き方が主流になるので、たとえば「あなたは文章作成、あなたはデザイン」というふうに、それぞれの専門に分かれていくことになります。

つまり、総合事務職の要素が少なくなっていくのです。

スターシードは発達に凹凸があるので、できること、できないことの差が激しい。総合事務は平均を求められる世界なので、凹凸がある人にとっては当然きついものになります。それがジョブ型になると、役割分担が明確になっていくので、スターシードは自分の得意なことに特化して働けるようになっていきます。

▼テレワークによって環境ストレスが大幅に減る

成人を迎えた人たちの最大の問題は、基本的に仕事です。

中でもスターシードにとっては、人間関係の中での仕事が一番の課題でしたが、それに対して大きな光明が見出されます。

いままではデジタルシフトという概念がなかったので、人間関係を改善するとなると、「いかに自分を見つめるか」「トラウマの克服」といった方向に行きがちでしたが、それが、単純に「適切な環境設定があればいい」という話になってきます。

昔は「よい遺伝子、悪い遺伝子」という言われ方をして、心理学や精神医学の世界では、元々ストレスに弱い素因があるところに、環境ストレスがかかると精神疾患を発症するという、ストレス性脆弱《ぜいじゃく》モデルが採用されていました。

しかし、いまはそういうとらえかたをしません。

つまり、生まれ持った感受性の強さは、環境次第でプラスにもマイナスにも働く、単なる環境増幅装置にすぎないとされています。

これを差次感受性仮説《さじかんじゅせい》といいます。

だから、環境がとんでもなく大切で、物を言うのです。

スターシードは発達に凹凸があり、結果として凹凸遺伝子なので、なおさら差次感受性仮説というのが重要になってきます。

その中のひとつとして、ゼネラリストからスペシャリストへという傾向が出てきて、なおかつ人間関係が濃密でなくなると、意識をどうにかしなければとか、何をやっても解決できなかったのが、「あら不思議、大幅に楽になった」という話になってきます。

また、外に出なくても仕事ができるので、感覚過敏でもだいぶストレスが軽減されます。

感覚過敏の人は、電車の騒音、車内で人と体が触れ合うこと、会社の中のがちゃがちゃした音、人が通り過ぎる時の視覚情報といったものが、とんでもなく苦痛なのです。

普通なら、パソコンで原稿を書いている時に誰かがそばを通るのが見えても平気ですが、それを、まるで目の前で指をくねくね動かして邪魔されているように感じてしまいます。

通勤電車や、人に囲まれたオフィスでの勤務から解放されることで、そうした苦痛はずいぶん少なくなります。

▼苦手な並行処理や雑談から解放される

仕事がジョブ型になると、結局、非同期の世界に突入するので、電話のやりとりがなくなります。よほど急ぎだったり、電話でないとだめな場合以外は使われなくなります。メールなら必ずしもその場で処理しなくてもいいので、集中力が持続できます。

スターシード傾向の人は、複数のことを同時に処理することが苦手で、中断させられると集中力が出なくなり、作業が遅れます。

そうすると外部から何か言われて精神衛生も悪くなるし、ますます仕事が進まず、残業が増えて、元々体が弱いために体調が悪化するという悪循環になってしまいます。

そうしたケースを大幅に減らせるのです。

また、ジョイント型では、まわりとの関係を円滑にするために、いかに無駄な話（雑談）ができるかが重要でした。

スタ一シードの場合は、目的が明確なコミュニケーションには強い傾向があるので、ジョイント型の場合よりもかえって人と話がしやすくなります。テレワークだと、延々と雑談することはなくなるからです。

みなさんもそうだと思いますが、ズームを使っていて普段と同じように雑談を続けるかというと、けっこう短く終わりますよね。これは、対面の時の独特の空気が存在しないので、間が持たなくなるせいです。

スターシードは発達障害と重なる特性を持っていますが、アスペルガーの傾向がある人は20人にひとり程度です。超低く見積もると5〜10人にひとりですが、そこまでは多くないでしょう。

ADHDは10人にひとりがグレーゾーンです。グレーゾーンの場合、頭をフル回転させれば雑談にも対応できますが、基本的にはすごく疲れてしまいます。

ただ、もちろんテレワークにデメリットがないわけではありません。

テレワークでうつが減ったといわれていますが、あまり家にこもりすぎると、それはそれでうつになりやすくなります。

なので、完全にテレワークにするよりは、2日ぐらい会社に行って適度にストレスにさらされて、3日ぐらい家で仕事するのがちょうどいいでしょう。

ただ、テレワークに向いていない人も一定数います。

なぜなら、文章の読み込み能力、作成力、つまり国語力が相当求められるからです。文章を読める力、書ける力。それはコミュニケーション力とはまた違う話なので、そこが苦手な人は磨く努力をするか、あるいは別の働き方も模索していく必要があるでしょう。

デジタル化の推進、イコール非物質化

デジタル化を推進することにより、ＶＲ（ヴァーチャル・リアリティ）が加速します。
日本の場合、ＶＲのインフラは世界最高峰ですが、活用はきわめて遅れていました。
終身雇用制が邪魔していたのです。

終身雇用だと横の移動の自由がないので、その会社その会社に対応したデジタルしか使われません。そうして結局、社会全体で使われるデジタルのしくみが整わなかったので、活用も進まなかったのです。

でも、コロナの件でテレワークが進み、それによってジョブ型へ移行し、結果として雇用の流動性が生まれる。流動性が生まれると、共通したデジタルのしくみが出来上がる。そうやってデジタル化がどんどん進むことによって、ＶＲも進化します。

もうひとつ、必要性はともかく、まだこれからも行動を制限されることが続きます。すると人は仮想空間に逃げるしかなくなります。

仮想空間の活用は、アメリカでもまだそれほど進んでいませんでした。なぜなら、これまでは外に出て実体験することができたからです。

でも、今回のコロナで体験の幅が狭まってしまうので、仮想空間に体験を求める機会が増えていきます。これもVRの加速を促します。

それによって、人間の意識からどんどん制限不自由がとれていき、最終的に非物質化の認識が固まって、**結果としてアセンションに結びついていきます。**

高次元がそれを促しているのです。

▼日本を中国から守り、復活させるため

また別の側面を見ると、コロナによって、日本は「棚からぼたもち」状態になっています。

どういう意味かというと、まず、5Gの機器が中国のハーウェイから日本のNECや

富士通などに切り替わっています。

今回のコロナは「中国がやらかした」という設定なので、それによって、ある程度の中国包囲網ができたからです。

以前だったら、「中国をこのままにしておくととんでもないことになるけれど、経済的に付き合うと得だから」と、あまり各国が強く出られなかったのですが、今回のことでいよいよ中国の傲慢さにブチ切れて、包囲網が出来上がりつつあります。

イギリスもアメリカも、ハーウェイ製を排除して、その代わりにＮＥＣや富士通の５Ｇ機器を導入するケースが増えています。


二つ目としては、東京証券取引所がアジアの金融ハブになる可能性が高いということ。

バブル崩壊以降、香港にその座を奪われていましたが、香港は中国によって民主化への道を断たれたので、証券市場で自由な株の取引ができなくなります。

ではどこが取って代わるかというと、それなりに規模が大きく、それなりに法律などのしくみが洗練されているのはやはり東証です。しかも、東証は土日も営業すると宣言しました。これは、「世界にいくらでも対応する」という宣言だったのです。付け加えるなら、中国の脱工場化が少しずつ起こり、その結果、工場が日本に戻ってくる傾向があります。

日本の生産性が下がった理由としては、生産性の高い工場をどんどんつぶしてしまったことが大きい。それがGDP世界20位ぐらいになってしまった要因ですが、工場回帰によって生産性が上がり、それによっても、ある程度経済が復活する可能性があります。

タナボタの三つ目は、アメリカの日本に対してのプレゼン優先順位が上がってきていること。いままでのアメリカは「中国が変なことをしなければ仲良くしよう」という路線でしたが、今回のコロナの件でついにブチ切れました。それと、このままだと経済で中国に抜かれるかもしれず、民主主義的資本主義が否定されるかどうかの瀬戸際だったこともあって、中国にきつく当たるという面もあります。

さらにソ連との冷戦時代のように、また日本を極東の要塞として育て応援する傾向が出てきています。だから、アメリカは日本をより大切にするようになっているのです。

アメリカは、台湾もとても大事にするようになりました。なぜなら、もしあそこが中国に獲られるとアメリカのメンツに関わるということと、もうひとつは、台湾は世界最高の半導体を大量に作っているので、もし獲られたら中国が強くなってしまってまずいからです。

国を衰退させる一番の方法は、半導体を常に3、4世代前のものにしておくことです。アメリカの対中国政策で最も重要なのもそこです。その結果、韓国のサムソンや台湾のTSMCなどに「中国に半導体を提供しない」という協定を結ばせたのです。

もしコロナがなかったら、台湾が中国に侵略されてもアメリカは動かなかったでしょう。それと同じことが、もしかしたら日本でも起きたかもしれません。

尖閣《せんかく》諸島に関しても、いままでは日本だけで対応していたのが、台湾と同様に、アメリカも交えて対応するようになっていくでしょう。

それによって中国の武力的な侵攻が極めてやりづらくなり、結果として日本は守られるのです。

プレアデスの魂を持つ僕、そして過去生

第3章

プレアデス存在とのファーストコンタクト

僕がプレアデス存在と初めて会ったのは、18歳の春。

千葉県松戸市の実家に住んでいた頃でした。

スピリチュアルに興味を持ち始めていて、レイキのアチューンメントを受ける前後ぐらいの時期だったと思います。

僕は自宅の自分の部屋で、明かりを消して真っ暗にして寝ていました。

すると、頭のほうから風が吹いてきます。最初は錯覚かと思いました。

窓は締め切っているから、隙間風は入ってこないはず。エアコンも扇風機も何もつけていない。……でも、おかしい。明らかに風が吹いていて、しかもだんだん強くなってくる。

すると、閉じたまぶたの内側に激しい光が飛び込んできました。

目を開けると、部屋の中でフラッシュのような光が「パシャッ、パシャッ」と点滅していました。そして気がつくと、僕を何倍にも美形にした、全身白光色の人がそこに立っていました。正確には、それは人の形をしたエネルギー体でした。

相手と目が合って、驚いていたのは確かですが、怖さや混乱はありませんでした。

驚きながらも、懐《なつ》かしい感じ。

「おお、久しぶり」と言ってしまいそうな感覚があったのです。


彼は、僕にこう告げました。

「私は、プレアデスの民です。あなたも同じ星から来ました。

それだけではなく、あなたと私は同一の存在です。

あなたは私であり、私はあなたです。

私は、あなたの過去生であり、未来生です。

現在・過去・未来が全て包含された世界で、常にエネルギーを分かち合っています。

この地球という星は私にとってもなじみ深い星ですが、他の惑星とは違って、容易に分離意識を引き起こしてしまいます。それゆえに、過去生や未来生といった記憶を忘却し、地球における役割も見失ってしまうのです。

あなたもその流れの中にいます。いまのままでは、あなたが決めた役割とは大きく異なった人生を歩んでしまうことになるでしょう。それでは、自他共に苦しいものとなってしまいます。

そのような悲しい未来が実現化されることを防ぎ、本来の役割を果たしてもらうために、私はあなたの前にこうして現れました。

普段、私たちはこのような直接的な介入は行いません。ただ、あなたが転生する前に、もし本来の役割を忘れそうになった時は、このような形を取って現れるとあなたに約束したのです。だから、あなたの前に現れました」

そうして彼は軽く微笑むと、僕の額《ひたい》に彼の額をつけてきました。

瞬時に、自分の数千年にもわたる宇宙での記憶、宇宙での生活のようなものが、映像として僕の脳内に大量に送られてきました。

それが終わると僕たちは少し会話を交わし、彼は微笑みを残して消えていきました。

そんな出来事があったら、普通はドキドキするものです。

でも僕は「そうだよな」と、不思議な納得と安心感を得ました。しばらく起きていて、そのまま眠りました。

不思議でしたが、「確かにこういうことが起きる気がしていた」という思いが突然湧いてきました。予想はしていなかったけれど、体験した後に、なんとなく「こういうことが起こる予定だった」と思い出したのです。

予兆としては、その1年ぐらい前から、周辺視野などに、時折まばゆい光の点滅が見えていました。霊的能力の覚醒の始まりのひとつに、そういうことがあるのです。

以後、そのプレアデス存在と同じような形で会うことはありませんでした。

体外離脱で再びプレアデス存在と出会う——パラレル宇宙やUFOの母船へ

体外離脱で再び彼と会ったのは、それから2年経たないぐらいの頃です。

体外離脱する時は、はじめのうちはひとりで飛ぶのではなく、ガイドがついてくれます。その時のガイド役が同じ彼だったのです。

映画『マトリックス』のような白い空間に、武器がずらっと並んでいる場所。

離脱した時にその世界に連れていかれ、その時の彼は、軽く微笑んでいたけれど、実際に会った時のようにイメージで伝えるのではなく、明らかにテレパシーで情報を送ってきました。

それも、基本的には、「君は今後の人生でこういうことをやっていくんだよ」と伝えていたと思います。

本を出版することや大勢の前で話すこと、膨大な数の本を読んでいくことなど。

そして結局は、スピリチュアルで生きていくことになるという内容です。

そこから帰ってきた時は「やっぱりそうなんだ」と思い、なんとなく予想していた人生の流れであり願望でもあったのでしょうが、嬉しかったのを覚えています。

当時の僕は、スピリチュアルにかなり傾倒していたからです。

彼は、他のパラレル宇宙やプレアデスにも連れて行ってくれました。

宇宙船の母船の中も案内してくれました。船といっても超巨大で、それそのものがひとつの都市、もしくは星そのものになっているぐらいのスケールです。

飛行機の機内のようなものではなく、森や芝生や海もあります。

しかも、そうしようと思えば瞬間的に非常にコンパクトにもなるのです。

とくに印象的だったのは、どこの星か忘れたけれど、地球よりも大きい太陽光発電みたいなものがあり、それを太陽系内の太陽にほぼ直にといっていいくらい近づけて、エネルギーを採取している様子や、土星のリング、これも地球ぐらいの大きさの筒状のものですが、それをつくっている様子などを見せてもらったことです。

体外離脱をやってみたきっかけは、本で体外離脱のことを読んだのと、当時のスピリチュアル関係の知り合いから話を聞いて面白そうだったのと、あとは能力開発のためでもありました。

体外離脱をしても帰って来られなくなる心配はありませんが、大半の人はエネルギー体が過剰活性して、バランスを崩して体調を崩すことが多いです。

その時は、やっぱり僕もエネルギー体が不安定になり、体調を崩しました。

「幽体離脱」という言葉もありますが、これは体外離脱の中のひとつであって、エネルギー体の中の幽体を中心に異次元を動くというものです。

ただ、幽体なので、ある程度の制限がかかってしまいます。

アストラル体、コーザル体、メンタル体など、どのエネルギー体を用いるかによって自由度がそれぞれ変わってきます。制限のかかり方が違うということです。

【エネルギー体】

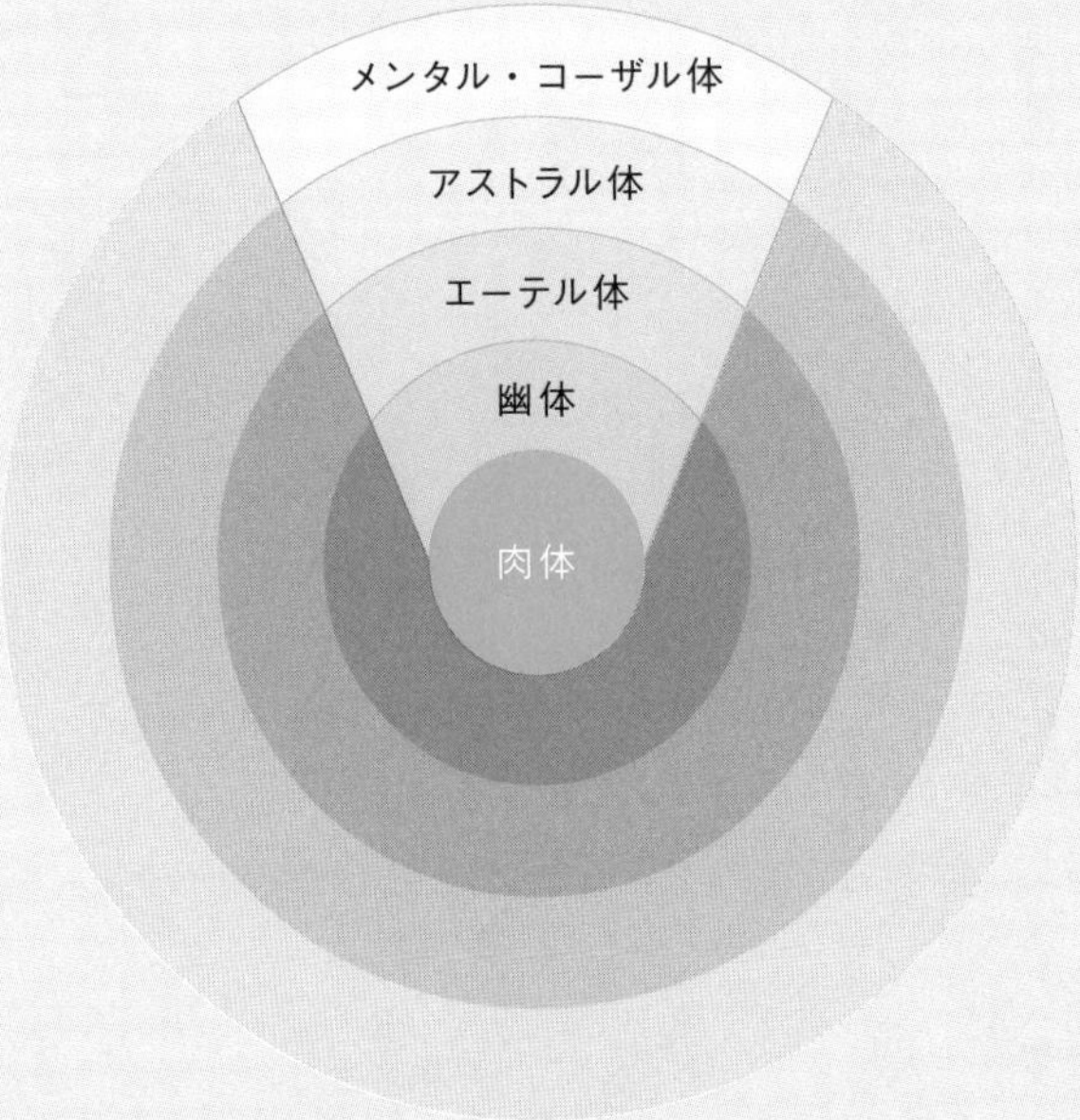
メンタル・コーザル体
アストラル体
エーテル体
幽体
肉体

僕のこの地球における役割について

▼高次のエネルギーを一回地上に降ろして出力し直す

プレアデスの人とは、最初の出会いから濃密なつきあいが始まったといえます。

最近は、思いきりわかりやすい派手な体験としては会っていませんが、なんとなく肩のあたりにいるのは感じます。

さて、最初に会った時、彼は「本来の役割を果たしてもらうために、あなたの前に現れた」と言いました。

この日を境に、僕は「これが自分の役割だ」というものをはっきりと思い出したのです。

ここから、僕のこの地球における役割について、具体的にお話ししていきます。

前提として、僕がいつも言っている世の中のホログラフィー的な原理があります。

地球がこれまで地獄星だったのは、第1章でもお伝えしましたが、幽界冥界の関係でホログラフィーが歪んでいたためで、それによってさまざまな地獄が生まれていました。
これを改善するための有効な手段のひとつとして、**「高次のエネルギーを地球上に一回降ろして出力し直すこと」**が挙げられます。

しかし、それができる人はあまり多くありません。これは自分が特別だとか、下手な選民意識から言っているのではなく、ある種の条件が必要になるからです。

できる人の特徴のひとつは、プレアデスやエササニなど、高次の星に元々いて、かつ地球歴の少ない人であることです。

僕もたぶんそれに該当する可能性があります。基本的に地球のエネルギーに染まっていない高次のエネルギーの情報を覚えているので、それと同調しやすく出力しやすいのです。

ということで、「高次のエネルギーを地球上に一回降ろして出力し直すこと」が、僕の役割のひとつです。

「出力し直す」というのは、**高次元と地球を直結させるワームホールを作って、高次元から高次元のエネルギーを受け取り、また出力するという意味です。**

ワームホールとは、先述の通り、簡単に言えば異次元のトンネルです。

その特徴は二つ。

ひとつは、**他の宇宙と地球をつなげられること。**もうひとつは**異次元と地球を直接つなげられること。**しかもその異次元はどこでもかまいません。

本来、高次元のエネルギーは常に地球に注がれています。しかし、ワームホールが形成されていないがために、どうしても幽界や冥界を通してしまいます。

その結果、エネルギーが濁ってしまって、使い物にならないのです。

でも、ワームホールを用いれば高次元と地球をそのままつなぐことができるので、エネルギーを汚さずに済みます。

そういった意味でワームホールが必要なのです。

幽界と冥界の消滅は、それが始まった1987年と比べると、残り3分の1か4分の1ぐらいまで進んでいます。そこからより指数関数的に減少していくので、今後はもっとピッチが速まるでしょう。

裏を返せば、地球を見渡してもわかるように、**幽界と冥界はまだ力を持っているということです。**地球は一貫してよくなってはいますが、まだいろいろと問題はあるのが現状です。

▼エネルギーの出力量をさらに増やす

話を戻すと、僕の役割のひとつとして、前述のように「高次のエネルギーを一回降ろして出力し直すこと」があります。しかし、ひとりでやってもほぼ「焼け石に水」です。

そこで、次の三つの方法を用いてエネルギーの出力量を増やしていきます。

一つ目は、自分のエネルギー体の分身を大量につくること。

二つ目は、エネルギーグッズや機器を開発して大量に活用すること。

三つ目は、同じようなことができる人を増やすことです。

「**分身を作る**」とは、まず高次領域に無意識に働いてくれる衛星を作り、その上で、その衛星から出力される高次のエネルギーを受信できる自分の分身を、物質次元の地球上に複数作っていきます。エネルギー体なので、理論的には100人でも1000人でも1万人でも作ることができます。

ちょうど車と衛星の関係みたいなものです。衛星がいくつかあれば、車が地球上にたくさんあればあるほど大量のエネルギーを受信することができるし、受信イコール発信なので、僕のエネルギーが10倍、100倍、1000倍、1万倍になっていくわけです。

よく「魂のかたまり」などといいますが、エネルギー体はいくらでも分割できるのです。それを顕在意識下で、しかも魂を持つ人間が生まれ変わるのでもなく、現実内でやってしまおうということです。

現実内とはいっても、高次のエネルギー体でやることですが。

エネルギーグッズや機器の活用に関しては、オリジナルの高次元エネルギーマークのシールがあるので、しばらくはあれをいろいろな形で使っていくつもりです。

「同じようなことができる人を増やす」とは、第三者の能力開発によって、そうしたエネルギーの入出力ができる人を増やしていくということです。

たとえば、レイキはアチューンメント（エネルギー伝授）によって波動調整やヒーリングができる人を増やしていきますが、あれの延長線と考えてください。

▼古い、あるいは誤ったスピリチュアルを変えていく／トラウマとインナーチャイルドの誤解

これまで信じられてきたけれど、現代から見るともう古い、あるいは誤ったスピリチュアルを変えていくことも、僕の役割のひとつです。

たとえば、自分を見つめる系、「インナーチャイルドの癒し」といったことを推奨するスピリチュアル。

スピリチュアルとヒーリング、癒しは切っても切れない関係ですが、癒しの定義のひとつとしては、その世界では「トラウマを消そう」というのがあります。

トラウマのひとつがインナーチャイルド。これは簡単に言えば、幼少期の心の傷やト

ラウマです。スピリチュアルでは、「隠れたインナーチャイルドを探して、それを発見すれば、トラウマが癒されて自分がどんどん変われる」という理解があります。

でも、それが果たして本当かというと、正しい面もありますが、多くの場合はトラウマを大生産させてしまう誤った理解、認識なのです。これはスピリチュアルやヒーリングの世界でも、カウンセリングの世界でもあまり知られていません。

「トラウマが現在の自分の情緒の不安定や抑うつ、思考を決める」という考え方は、実は先端の臨床心理の世界では否定されています。

もちろんそれが全面的に正しいわけではないですが、実はトラウマがいくらあったとしても、重要なのは**それを反すうするか否か、ということなのです。**

反すうとは、簡単に言えば否定的な思考を延々とめぐらせることですが、要するに、トラウマがうつにさせたり劣等感を増大させるのではなく、**反すう思考がそうさせるということです。**

トラウマはあくまでも、「反すうを強化させる因子かもしれない」程度のものです。

これには莫大なエビデンスがあります。

「同じような境遇で同じようなトラウマがあり、しかも体質が似ているAさんとBさん」を見つけ出し、そうしたペアを何組も何組も調査してみると、反すうする人はうつになり、反すうしない人はうつになっていないのです。

では、**反すうの多さを決定するのは何かというと、メタ認知（自分の思考を客観視すること）ができるかどうかです。**

たとえば、マインドフルネスでメタ認知を鍛えると、反すうが減って心が安定します（ただし、ちゃんとした効果をあげるには、正しい手順で行うことや生活習慣が整っていることなど、いくつかの条件があります。人による向き不向きもあります）。

それで脳が楽になって、かつ反すうが減ると、トラウマは感情が伴わない単なる記憶になっていくのです。

ところがスピリチュアルの世界では、トラウマを癒すために、「自分の内面を見つめる」とか「インナーチャイルドを探し出して癒す」という方法が提唱されてきました。

それは、基本的に過去の傷ついた出来事を探していく方法で、ただ発見するだけで終わるなら納得してスッキリする面もありますが、そこで止まらないのが人間です。

「悲しかった」とか「なぜあんなことに！」とか、延々と苦しみ続けてしまいます。

それと同時に、インナーチャイルドが原因という設定だと、1個だけでなく何個も見つけるので、どんどん過去のことを思い出し、どんどん反すうする因子が広がってしまうのです。

もちろん、過去を思い出すのがいけないわけではありません。「こういう言い方をすればよかったんだ」とか、対策を考える材料にとどめられるなら、過去を思い出すのはありです。

PTSDの治療にも、あえてその場面を思い出すという回想療法があります。記憶を整理することで、結果として反すうをなくしていきます。でも、それと、ネガティブな感情を伴って過去のことを延々と考えることは、また別の話です。

ほとんどの人は、自分で過去の出来事を探せば探すほど、反すうが増えてしまいます。

もうひとつ、「インナーチャイルドが現在の自分を苦しめる」という認識を持っていると、何でもかんでもインナーチャイルドというフレームで原因を探してしまうようになります。

ひとつ見つけても楽にならない。もうひとつ見つけても楽にならない。そうやってどんどん新しいインナーチャイルドを探して、最終的にはすべてをインナーチャイルドのせいにして、自らトラウマを生産してしまいかねないのです。

だから僕は常々、**「反すうが減ればトラウマも減るのだから、その反すうを抑え込んでくれる最大因子のメタ認知を鍛えよう」と言い続けています。**

インナーチャイルド探しや、潜在意識のブロック解除などにエネルギーを費やすよりも、まずは「反すうを減らす、メタ認知を鍛えることが前提だ」という認識が必要なのです。

スピリチュアルに関しては、グラウンディングに関する誤った認識も気になります。

グラウンディングを心がけること自体は正しいのですが、問題はその方法です。

スピリチュアルに熱心な人たちは、イメージの中でのグラウンディングだけで終始していることが多く、それだけでは効果が薄いのです。体を使って実践するという意味で、立ち方や座り方、栄養の取り方なども知っておかなければいけません。

これについても具体的な情報を本や動画などで発信しているので、興味のある人はそちらを見てください。

▼情報をわかりやすく伝えること

僕の役割の中には「適切な知識を大量入力し、わかりやすく発信すること」もありますが、これはその延長線でもあります。

人は知識によって思考と行動が変わり、それによって現象という結果をつくり出します。だから、誤った知識を入れてしまうと、誤った思考、行動、結果がつくられてしまうのです。

でも、人は概してあまり知識を入れないし、入れたとしても、おかしな知識を平気で採用してしまいます。この問題点があるので、結局勉強すればするほど、おかしな方向に行ってしまうわけです。陰謀論に夢中になっている人などはまさにそうです。

他にも、「病弱だから健康になりたい」と、いきなり玄米菜食や自分に合わない間違った健康法を取り入れてしまうとか、同じような例は山ほどあります。

社会政策も、いまだに「終身雇用がいい」とか言っている人も大勢いるし、環境やインフラにまつわる問題を考えることなく、田舎暮らしに憧れる人もいます。

自己啓発でも、アメリカと日本では違いがあります。アメリカの自己啓発はエビデンスを重視していますが、日本の場合は個人主観、個人的な体験重視です。

その結果、ある人にはその個人的な体験談がどハマりする場合もありますが、残念ながら多くの人にはハマりません。セミナーや本に費やしたお金と時間だけが逃げていき、結果が出せずに、かえって悪化して人生が大変になったりすることもあります。

要は、**知識の質の違い**という話になってきます。

スピリチュアルにおいては、以前は発達障害というフレームがなかったために、いろいろな問題が起きていました。

自慢話をすれば、スピリチュアルにおいて「スターシード＝発達障害」という概念を持ち込んで、相当それが広まったのは僕の功績といえます。それによって自分の生きづらさの正体がわかって、結果として対処法が見つかったり、適材適所に落ち着けた人もいます。

大量の知識を入れることは脳に負担をかけるので、どうしても人間の防衛反応に反するし、知識がよいものか否かを選ぶセンスも必要になります。

そして、初めからそのセンスがある人は少ないのです。

では、情報の良し悪しはどうやって見分けるかというと、方法は二つ。

まず、「そもそもエビデンスとは何なのか？」というところから始める必要があります。

個人的な体験など、エビデンスとしては最も使えません。でもほとんどの人は個人的な体験を優先するし、なおかつ、個人的な体験から仮説に基づいて仮説を立てる。それは最もやってはいけないことですが、みんながやってしまいます。

エビデンス至上主義も問題ですが、エビデンスはある程度重要視したほうがいいのは確かです。

もうひとつは、はじめから**本物の情報に接して日常を変えていくことです。**

そうすると、なんとなく「これは」とわかってきます。論理的な整合性があるかどうかは、直観的に「匂い」としてわかってきます。

直観があまり働かない人の対処法としては、そういった正しい情報を大量に入力することが挙げられます。入力するのは大変なので、なるべく楽しく苦痛なく情報を取ることを心がけるといいと思います。

たとえば、宣伝するようで気が引けますが、僕がスピリチュアル情報を流している動画には、視聴者から「楽しくてわかりやすい」「納得できる」というコメントが数多く寄せられます。

僕自身、雑談はともかく何かを説明することは流暢《りゅうちょう》にできるので、さほど苦もなく適切な情報を伝えることができるのです。

そんなふうに、自分にとって苦にならない方法で適切な情報を大量に入力していると、いつの間にか、無意識のうちにパターン分析ができるようになります。これは職人のカンのようなものです。


誰もが異常な勉強好きになる必要はありません。それでも異常な勉強好きは一定数いるので、そういう人は自分で探究すればいいいし、あるいは、そういう人がつくったエッセンスをつまんでもいい。適切な知識を身につけるには、後者で十分です。

しかし、問題は、適切なエッセンスをつくる人が少ないということです。

ワイドショーに出てくる評論家などは、まさにそうです。専門家ではないのに専門家ぶってミスリードしている人が多いので、そういう人の話は真《ま》に受けないことです。

同じことが、スピリチュアルの世界でもいえるのです。

魂の系譜① ヒマラヤの聖者、指導者

ここからは、僕のいくつかの過去生についてお話ししていきます。

僕が地球に転生したのは7~10回ぐらいです。

一般的には、400~500回は地球に生まれている人が多いでしょう。

僕は元々、地球で何度も転生する星回りではなかったのです。

ちょっと立ち寄る旅行者みたいなものです。たとえば沖縄に住む宿命の人と、東京に住みながら時々沖縄に行く人がいるとしたら、自分は後者です。

自分の魂の傾向については、自覚があります。

今回の人生でもそうですが、僕はいつの人生においても、その時代の主流となっていることと「真逆のことを言う」のが趣味なのです。

基本的に、何かを伝達するとかそういう役割ばかりです。今生も、四柱推命《しちゅうすいめい》でも算命学でもカバラでも、「情報を入力する、それをわかりやすく伝える」というのが宿命として真ん中にあります。

過去生に関しては、それまでもフラッシュバックや漠然とした感覚はありましたが、プレアデスのハイヤーセルフと出会ってから、はっきりと思い出すことができました。

覚えている過去生のひとつは、ヒマラヤの山の上で人々に真理を説いていた頃のこと。高地からふもとの村へ瞬間移動したり、分裂して複数の場所に同時に現れたりしていました。

立場としては聖者的な人間でしたが、結果的に指導者的な役割にもなりました。

自ら人を束ねて国家に反することをしていたわけではありません。でも、説法しているうちに人が集まってきて、いつの間にか皆に持ち上げられてトップになったのです。

当時の権力側としては、自分たち以外の人間が力を手に入れてコントロールが利かなくなるのは恐ろしいことなので、当然、弾圧に走ります。

その時の能力からすれば、権力者たちを抑え込んだり逃げたりすることもできましたが、僕はあえてそうしませんでした。民衆を守りたいというのもあったけれど、それよりも、その時の僕の役割は、表面的に世界をガラリと変えることではなかったからです。その時に取り組んでいたことは、数百年から千年の年月をかけて達成していく長期目標のひとつだったのです。

あくまでも、「彼らの潜在意識に情報を入力する、それを通して集合意識に昇華させる、それがホログラフィーや想念形態に影響を与える」というふうに、**地球が大きく変化する時のための種まきを狙っていました。**

もしそこで社会構造をひっくり返したとしても、結局、根底から変えることは逆に難しくなります。収穫を急ぎすぎた状態になってしまうのです。

当時の僕も、ある程度の戦いがあったほうが地球の浄化が進むことは把握していました。だからそこでも、紛争が起こってもしかたないけれど、核戦争などが起こったらたまったものではないから、最低限の紛争で済むように、地球にエネルギー装置を埋め込むための活動をしてきました。

「その時代ではけっして叶うことはないけれど、後々大紛争に至らないために真理や理《ことわり》を伝える」という名目で、言葉を通してそこに「場の形成」を行っていました。

時代はキリストとだいたい同時代、２０００年ほど前のことです。

寿命としては60歳~80歳ぐらいまで生きたと思います。

魂の系譜② アトランティス時代の神官

▼反国家的な動きを止めようとして失敗した苦い過去

次は、アトランティス時代の過去生の記憶です。

そこは水晶エネルギーも普通に使われているし、古代の戦艦大和みたいな宇宙船が空を飛んでいる、摩訶不思議な世界でした。

地球外のＵＦＯもいろいろ飛び交っていました。

エジプトではないですが、ピラミッドのような建造物もあったし、中には水晶だけでできた巨大なピラミッドもありました。

人々の服装は、古代ギリシャのそれのように、ざっくりと布をまとっているだけ。天気を操れたか、または気候の変動が少なかったので、そんな格好でよかったのです。

超能力を使える人もけっこう多かったようです。ある程度の直観力を備えていて、スプーン曲げのようなことや、透視なども当たり前にできていました。

反物質ではなく、けっこう物質寄りの世界でしたが、それでいて霊的要素が加味された不可思議な感じ。超古代と先端科学が入り混じっているような感じです。

そういう時代に、とある教祖がいて、反国家的な動きをしていました。

彼らもはじめは純粋に世の中を良くしようという方向性でしたが、そこから自己顕示や支配の方向に行ってしまったのです。でも、彼らは露骨な暴力的な方法は使わず、表面的には耳ざわりのいいことを言いながら、うまく民衆の恐怖を煽っていく手法を取っていました。

その時、僕は神官でナンバー3か4ぐらいのポジションにいたか、またはある地域を担当していました。指導者兼神官というか、立ち位置でいうと都知事みたいなものです。教祖は、神官でありつつ実質的に支配者で、僕も元々は体制側の人間だったのです。

はじめはうまくいっていたのですが、気がつくと、ナンバー1、2あたりの人間が誤った方向に大きく舵を切っていき、見事に民衆が扇動されつつありました。

それで、それを止めるための動きを一生懸命やったのですが、その時は僕の伝え方が硬くて、あまり面白くなかった。聞いた人がワクワクするような情緒的な内容にすることができなかったのです。

結果として、僕が頑張れば頑張るほどナンバー1、2が民衆からの信頼を集めてしまい、同時に僕が排斥されてしまいました。

そして、僕は失意のまま、アセンションっぽくエネルギー体となって消滅しました。おそらく水晶エネルギーを自決の方向で使ったのでしょう。

思い出の中では「失意」が大きいです。

この時は、前述のヒマラヤ聖者として生きた時のような長期的な計画も意識もなく、「この世界を変えよう」という気持ちでいっぱいだったのです。

▼水晶エネルギーが我欲のために利用されてしまった

当時のアトランティスでは、水晶エネルギーを使って思うままに願望を実現することが流行りました。

水晶を持って望むことをイメージしながら瞑想します。するとイメージすることで水晶から発生したエネルギーが、瞑想によって何倍にもふくれあがり、ホログラフィーを形成して、願望がすぐに叶います。

「それこそがよき道だ」という教えをナンバー1、2たちが広めたために、民衆は個人的な我欲をより活性化する方向へ使ってしまいました。

それまでは、水晶エネルギーは、個人が誰でも使ってよいものではなく、持てた場合も使用の範囲が限られていました。

理由は二つあって、どうしても願いがエゴ的になってしまうということと、もうひとつは誤ったはしご症候群、つまり適材適所でない方向で夢が叶ってしまい、逆に地獄を見ることになりやすいからです。

でも、それに対して不自由を感じた民衆が、少なからずいました。

そこへ教祖が「水晶エネルギーを自由に使うことは正しい」と言ったのが、みんなの琴線《きんせん》に触れました。大半の人が水晶を持てるようになり、かつ使用が無制限になっていきました。ちょうど今のスマホのようなものです。誰もが水晶を手に取って、欲望のままに願望を叶えようとするようになったのです。

現代でも、「学校へ行かなくてもいい」という大人のほうが子どもに人気がありますよね。でも、考えたらそっちのほうが末路としては悲惨じゃないか、という話もあるわけです。

そこで僕は、トップの教え、民衆の動きとは正反対のことを主張しはじめました。

すると上からは嫌われるし、結局は民衆の支持も得られないし、しかもナンバー1と

2に、「あいつは間違っている」と宣伝されてしまったのです。

▼民衆の恐怖やトラウマが増幅され、アトランティス沈没の原因に

また、恐怖やトラウマを増幅させる自己探求法が、アトランティスでも行われていました。

僕の魂の役割の中の「古い、あるいは誤ったスピリチュアルを変えていく」という部分でも触れましたが、「自分を見つめる」とか、「潜在意識のブロックをはずして浄化する」という方法です。

それを行うと、過去のトラウマや否定的観念に、イメージの中で実際に出会えるような状態になってしまいます。そこで変に波動が共鳴して、俯瞰することもできないために、トラウマ的観念がより増幅されてしまいます。

アトランティスでも、たくさんの人が自己探求に走って同じことが起こっていました。

教祖的な存在が終末思想的に人の不安をあおり、コントロールしていくというのは、

いままで言えば「アセンションゲートが閉じる」と言って人を脅しているのと同じです。「もうすぐアトランティスが沈没する。助かる方法としては、あえて自分自身をどんどん追求していくこと。自分が自由になっていくこと、トラウマや恐怖を解消していくことが必要。それができないとアトランティスと一緒に沈んでしまう」と教えたのです。

それによって、多くの人に水晶エネルギーをより自由に勝手に使わせたり、トラウマや恐怖を増幅させる自己探求法を、より一生懸命やらせることになりました。

その他にも、教祖はさまざまなミスリードを行いました。

アトランティスの人たちは基本的に真面目で、自己管理がしっかりしていました。でも、それが不自由と感じる人も一定数いたのです。

そこで、彼らに向かって「自己管理なんてよくない、体の感覚に従え」と上手に説いて、健康的な生活習慣を放棄させるようにも仕向けました。定時に祈りを捧げるなどの行為も排除させてしまいました。

その結果、より不調和な想念やエネルギーがあふれてしまい、水晶エネルギーもますますおかしな方向に行ってしまい、アトランティスが沈没していったのです。

アトランティスには2回生きたと思いますが、細かいことを覚えているのはこの1回だけです。

魂の系譜③　エジプトのファラオ、ツタンカーメン

▼地球のアセンションを見据えて磁場調整を行っていた

古代エジプトのファラオ、ツタンカーメンだった過去生もあります。

スピリチュアル系の人は、往々にして、自分の前世はキリストだった、あるいは王様、女王様、ファラオ、神官、魔女だったとか、特殊で立派な過去生ばかりを求め、農民とか普通のおじさんだった過去生は受け入れたくないようです。

普段そこに疑問を投げかけている僕としては、本当はあまり言いたくなかったのですが、そういう記憶があるのでしかたありません。

生きている間はずっと病弱でした。この時は、民衆に何かを伝達するというよりも、基本的には**磁場調整のためにエジプトに生まれていました。**

ただ瞑想が好きとか、多少よいエネルギーを入出力できるという話ではなく、「超大量のエネルギーを入出力する」というのが条件でした。

しかも、エネルギー体を分身させてそうするのではなく、どちらかというと肉体を中心にして入出力しなければならなかったのです。そのために、6番7番チャクラとか、アストラル体よりも上位のエネルギー体を異常に活性化することが必要でした。

でもそれをやってしまうと、要はバランスがとれない、グラウンディングができない状態になって、結果として心身にかなりの影響が出てしまいます。

そのために病弱だったというのもあります。よく霊媒体質の女子が邪気をもらいやすく体調を壊すといいますが、あれに近いような感じです。

また、**自らが磁場調整としてのピラミッドの一部にもなっていました。**

ピラミッドは、権力の象徴云々だけではなく、エネルギーとしての磁場調整の役割、あるいは地球を高次存在とつなぐ役割が強かったのです。それと同じ役割を、生身の人間として担っていたということです。

ピラミッドが磁場調整として働かないと、1000年後、2000年後の地球のアセンションがうまくいきません。そうした長期目標のためにつくられていたのです。

いまは、その磁場は、エネルギーとしてとてもよいものになりつつあります。

▼上空には常にUFOが飛んでいた

古代エジプトも、やはり空にはおびただしい数のUFOがいました。円盤型のUFOがたくさん集まり、三角形の編隊を組んでいました。

当時の神官はUFOを容易に呼ぶことができましたが、それを一部の民衆が神格化してしまうのが困りものでした。時々、そこにレプティリアンが混じっていて、民衆が引っ張られていったという問題もありました。

ピラミッドの建設には確かに人力も使われましたが、あれは反重力をある程度使いながら造られたものです。同時に、いまの宇宙船の修理と一緒ですが、身長3、4メートルぐらいの宇宙人が一緒に手伝ってくれていました。

あとは、生きている土偶というか、縄文時代の土偶によく似た宇宙人もいました。彼らがエジプトの指導者と話したり、ピラミッドの建設を指示したりしていたのです。

この時代は超原始時代でありながら、超最先端でもありました。

それは、UFOなどからの技術も導入されていたからです。

つねにUFOがひらひらと空を飛んでいました。ピラミッドを作っている時はそれが当たり前で、記念日の神事などの時も、ずらっと編隊を組んで来ていました。エネルギー的な応援として来ていたのです。

もうひとつ、神官が自己顕示のためにUFOを使った面もあります。

「俺はこれだけできる」と。UFOもそれに協力してやっていました。

その中には、レプティリアンが、地球への長期的介入のために、エネルギーの磁場をつくって入りやすいように、あえてＵＦＯとしてわざわざ呼ばれてきたというのも混じっています。

レプティリアンはエジプトに目をつけていたのです。

それによって、よいワームホールも悪いワームホールも混在した状態になりました。

当時の人々はけっして奴隷生活ではなく、かなりみんな優遇されていました。パンもビールも与えられたし、休みもたっぷりあって、楽しそうにやっていました。

ツタンカーメンとしての自分はどうだったかというと、具合が悪くてほとんど寝ている状態でした。寝ながら脳内イメージでエネルギーをひたすら操ったり、ピラミッドやエジプトにかかわる宇宙人とのチャネリングをやっていました。

ツタンカーメンの死因は毒殺とされていますが、本人はその運命にあることを知っていました。それにより、次の霊的な役割を担うためでした。

▼地底世界と地球をつなぐ音叉の役割をいまでも果たしている

この時代にツタンカーメンとして生まれてきた理由は、まず自分がピラミッドの一部になることと、そして今回のアセンションにおいてとても重要になる、「**地底世界と地球人、もしくは物質の地球をつなぐこと**」が挙げられます。

確かにいま、地球は急激に波動上昇していますが、それは宇宙だけの意志ではなく、地球内部に存在する**大宇宙である地底世界の意志も大きいし、彼らの力もきわめて重要です。**

でも、地底世界と地球はあまりにも波動が乖離《かいり》しているので、パイプ役がいないとうまく作動しないところがあります。そのパイプ役はたくさんいますが、その中のひとりに僕がいるのです。

地底世界は、調和のとれた超高次世界です。

進化したプレアデスが地球内部にもあると思ってもらえればいいです。

それと地球がつながることができれば、プレアデスは音叉《おんさ》の役割を果たしてくれます。

僕には地底にいた記憶も残っていて、それは体外離脱で宇宙をさまよっている時や、プレアデスにいる時と同じような感覚です。

地底世界が大発展した理由のひとつとして、**超高次のエネルギーでできたピラミッドを早期につくりあげていたこと**が挙げられます。そのピラミッドを管理をする存在がいるのですが、それが地球でいうファラオです。

では、地底世界には、ピラミッドと地球に生まれたことのない霊的なファラオだけが存在すればいいのかというと、それだと地球と連動することが難しくなります。

地球のエネルギーの癖がわからないからです。

そこで、僕は物質としての地球のファラオの役目を果たすために、いったん地球に降りてきて、物質のピラミッドで磁場調整を行い、地球のエネルギーの癖を知りました。

それによって、地底世界のピラミッドやファラオと共鳴することができるというわけです。

要するに、この物質次元の地球では、地底と共鳴できる音叉が必要なのです。

共鳴できる音叉とは、コードのようなものです。

僕がファラオの役割をすることで、地球と地底を共鳴させる音叉のひとつが出来上がるのです。

周波数は、地上よりも地底のほうがはるかに高いので、そのままだと共鳴しません。

そのため、地底と同じ周波数で共鳴する音叉をつくるのが、ファラオだった時の役目でした。だから毒殺されて死んだ後も、ツタンカーメンはエネルギー体として地球にいたのです。

ファラオとしての僕のエネルギー体は、いまもどこかに存在して、音叉の役割を果たしています。

現在、我々が目にすることができるピラミッドも、その役割を果たしています。

ただ、物質としてのピラミッドは、地底とつなぐ音叉にはなりきれていません。

その役割を果たしているのは、**エネルギー体としてのピラミッドです。**

これからは、よりしっかりと役割が果たされるようになっていくので、エジプトはこれからどんどんよい方向に進んでいくはずです。

ちなみに、第1章にも書いたように、ピラミッドはエジプト以外にもたくさんあり、日本でも青森などに、きれいな四角錐の形をした不思議な山が多いです。

現実的にも、昔から世界は意外とグローバルだったのです。

確かに、大半の人は死ぬまでムラから出ませんでした。でも、縄文土器は世界中のあちこちから出てきています。

なぜならその頃は食糧危機で、食べ物を求めてあちこちに船で渡航していたからです。カヌーみたいな簡単な船ですが、海流に乗って遠くへ移動することができたのです。

実は文化交流もあったでしょう。ピラミッドを造った人たちも、何らかの形で日本やそれ以外の場所に同じものを造った可能性も、十分ありえます。

つまり、ピラミッドとしての山です。そういわれている山は、全部ではないですが、自然にできたものではない可能性があります。

第4章

プレアデスが示す近未来 2040〜2060年

プレアデスが示す近未来

前作に続いて、プレアデスから送られてきた最新の情報に基づいて、「2040〜2060年頃には、こんなことが実現しているだろう」ということを列挙してみます。中には、もっと早く実現しそうなことも混じっています。

これらのすべてを肯定しているとか、推奨しているということではありません。あくまでも、時代がこうした方向へ進むということを、プレアデスからの最新情報と、エビデンスに基づいた現実的な情報を融合させて示していくのが僕のスタンスです。

こうした流れをふまえたうえで、これからの生き方を考える材料にしてもらえれば幸いです。

脳内スキャンが容易になる

脳内スキャンができると何が実現するかというと、ひとつ目は、その人が脳に蓄積している情報を読み取ることができます。二つ目は、いま自分が考えたこと、想像したこと、望んだことの内容をすぐに抽出できます。

そして、それに基づいて、人工知能が勝手に自分の代わりに動いてくれるようになります。

たとえば、その人が掃除をイメージしたら人工知能が掃除してくれたり、右手を上げるイメージをしたら右手を上げてくれたりするわけです。

いまでも、脳波レベルでは、超ざっくりではできていますが、より精度が上がっていきます。

癌化の問題を解決したｉＰＳ細胞治療が一般化する

ｉＰＳ細胞の弱点は、癌化しやすいこと。なぜなら無限増殖する細胞だからです。

これについては山中伸弥教授も、「癌化しやすいのが最大の問題で、それをいかに抑え込むかが最大のカギだ」と言っています。

いまは、その問題がｉＰＳ細胞の普及を阻んでいるのです。

でも、２０５０年前後には、癌化しないｉＰＳ細胞による治療が可能になるでしょう。

それによって、脊髄損傷や脳梗塞で体が動かなくなった人をはじめ、あらゆる損傷系の疾患がほぼ解決されることになります。

DNAチップとエネルギー機器の組み合わせ技術が誕生する

DNAチップを使うと、その人の体の「遺伝子としてここが弱い」という点が明確になります。元々肝臓が弱いとか、副腎が弱いとか、癌化しやすいとか。

その情報をきれいに読み取ったら、今度はエネルギーを24時間超大量に入出力させられるエネルギー機器にその情報を入れておきます。

それによって、その部位に大量にエネルギーを送ることができるので、疾患を未然に防ぐことができます。

すでに、いままでの波動測定器でも多少の施術はできていました。

たとえば「肝臓に疾患がある場合、波形がこうなっている」とわかれば、その真逆の波形を送ると打ち消し合うので、その結果、肝臓の疾患が治ります。ノイズキャンセリングのしくみと一緒です。

その応用で、疾患になりやすい部位をＤＮＡチップで拾っておいて、たとえばＭＲＩに読み込ませて、真逆の周波数を打ち込んでおけば、疾患の発現を未然に防ぐことができます。

老化の波動もあるので、真逆のそれを打ち込めば、当然老化は減っていきます。

病気知らずで、しかも若さを保った体のまま長生きできる世界が始まりつつあります。

手術のほぼすべては移植に置き換えられる

癌化しない、しかも超格安のｉＰＳ細胞で臓器や組織を作れるようになるので、**外科手術は、単に切除するのではなく、「取り替えましょう」という方向になっていきます。**

たとえば胃を全摘したらなくなってしまいますが、手術する前に自分の胃の細胞を使って培養しておけば、そこでできた胃をまた移植できるという流れになります。

人間は、ますます長生きできるようになります。

だから、これからの最大の関心事はヒマつぶしです。ヒマすぎる時代がやってくるし、世界がより安全になってくるから。

あと、長生きになって仕事する必要もなくて、しかも人類の意識がそれほど変わっていない場合、することは何かというと、恋愛しかありません。

そこでディストピア（反ユートピア、暗黒世界）があって、モテる人間とそうでない人間に格差が生まれて、そこにとんでもない怨嗟《えんさ》が生まれます。

ほとんど大学生の夏休み状態で、陽キャと陰キャの明暗がくっきりと分かれるのです。

長生きしてヒマだと、人間は「本能的なこと」と「芸術」、この二つしかできなくなるのです。

「野心がある」と言ったところで、貨幣の意味がなくなってくるから、ビジネスで財を築くとか、そういう必要がなくなってきます。

だから関心事は、恋愛か運動か芸術、この三つが中心になります。

この中で一番ワクワクするのが恋愛なので、人は結局恋愛に集中していきます。彼氏彼女をVRでつくるような動きももちろん出てくるでしょうが、完全なものが出来上がるには時間がかかるでしょう。

老人の恋愛もさかんになるでしょう。年齢を重ねても若返りが可能になるので、みんな体力があり余っているのです。

そこそこ技術が進化しても、人類の意識が変わらないかぎりは、「外側から見るとユートピア、本人にとってはディストピア」という状況が生まれてしまいます。

このことは覚えておく必要があります。

ナノロボットが体内の毒素を取り除いてくれる

ナノロボットが、その人の体に合わせた、状況に合わせた薬を臨時に把握して、同時に生成し、必要な部位で放出してくれるようになります。

ナノロボットが人間の体内に入って果たす役割は、大きくは三つあります。

一つ目は薬を出すこと。

二つ目は健康を維持するために、体内に必要なホルモンや赤血球など、必要な分を作ること。

三つ目は、癌やウイルスなど、体内の異物を取り除くこと。

実用化の順番としては、まず薬を出すこと。次に体内の毒素や老化組織を取り除くこと。これはけっこう簡単です。

最も難しいのは、体内で必要なものを分泌することです。

人工培養で食肉を作れるようになる

人工培養で食肉を作れるようになります。

肉の細胞を培養して肉だけを作ればいいので、家畜を育てる必要がなくなります。

牛肉をつくる時は牛の細胞から採るので、天然の肉も培養肉も栄養素は同じです。

しかも、そこでiPSがうまくいくと、腸とか胃、ホルモン、レバーなども作れるようになっていきます。197ページでも食糧についてくわしく説明しています。

量子もつれによる瞬間移動が可能となる

量子もつれを利用した瞬間移動ができるようになります。たとえば、羽田とニューヨークの空港に、量子もつれしている機械があるとします。

ある人が羽田のほうの機械に入ります。

すると自分をつくっている情報が、羽田の量子もつれを起こしている機械に伝わり、その情報が瞬時にニューヨークの量子もつれを起こしている機械に伝わる。

すると瞬間的にニューヨークにその人が出来上がり、羽田のその人は消滅します。

だから実際は移動しないのですが、瞬間移動したような状態になるわけです。羽田側の人は消えますが、ニューヨークに出現した人は完全なコピーで、元の人と一緒です。

ただ、初めのうちはうまくできなくて、消滅することもありえますが。

ＵＦＯの瞬間移動はまさにそうです。

ワームホールを通る場合もありますが、量子もつれを起こして瞬間移動するのもあります。でも、ＵＦＯの場合もあちらでちゃんと情報が伝わらなくて消滅することもありえます。

いま、光子の次元ではテレポーテーションはうまくいっていて、再現性があります。

水を燃やせるようになる

電気を作る燃料は、現時点においては、ガス、石炭、石油、原子力、自然エネルギーですが、2060年頃にはそこに「水」も加わります。

水素などに変換することなく、水そのものを燃料として燃やすことができるようになるのです。

初期は、特殊な酵素を混ぜ合わせることによってそれが可能になりますが、酵素の値段が高すぎるため、普及には至らないでしょう。

しかし、しばらくして（2040年以降）、酵素生産における技術のブレークスルーが起き、安価な製造が可能となります。

そこから一気に水がエネルギー源として普及していきます。

さらに技術は飛躍し（2050年以降）、水に石油の波動を転写するだけで燃えるようになる技術が開発され、酵素は必要ではなくなります。

水に「牛乳の味」が入ると念ずることで、水に牛乳臭さを出せる簡単な想念実験がありますが、この転写技術は、それを波動機器でより高度化したものと思ってもらえればいいです。

それによって、いままで燃料として使われていたガス、石炭、石油のほぼすべては、水に置き換えられるようになります。電力会社の火力発電は「水火」発電となります。

一方で、原発と核融合は、エネルギー供給のバランスを取る、あるいはさまざまな分野への技術波及のために存続されます。

この結果、水で動く車、飛行機も普及します。エンジンは極めて複雑になるので、トヨタなどの内燃機関を得意とする自動車会社が独占していくでしょう。

電気自動車も残ります。

水が燃料になればCO_2や有害物質は発生しないし、無害な水蒸気となるだけなので、世界が水不足に陥ることもなくなります。

錬金術が可能となる

マグネシウムやアルミなどの安い金属から、金やプラチナなどの貴金属をつくれるようになります。

いまの段階で、分子転換まではできています。日本の鉄鋼業も、分子転換を使って金属を超強度のあるものに変えています。

次が原子転換なのですが、それも十分可能です。

これが可能になると、金を無尽蔵につくれるので、電線にも金を使えるようになります。そうすると、電気抵抗が一気に5分の1とか10分の1になるので、エネルギー効率が飛躍的に高くなります。

超電導もそうですが、現状では、金属だとコストが高すぎて電線に使うことはできません。でも、錬金術によって格安の超電導ワイヤーが発明されるので、エネルギー効率が飛躍するわけです。

波動機器でサプリメントがいらなくなる

いままでの波動機器は、ただ単に気功家が発する気を出力したり、遠隔で飛ばすぐらいでした。でも、これからは波動機器で出力する気の内容、もしくは波動周波数を、よりコントロールできるようになります。

そうなれば、その人にとって必要な栄養素を周波数として飛ばすこともできます。

たとえばビタミンB群が足りなかったら、その波動を出力して飛ばすことによって、満たすことができます。栄養素も最終的には周波数だからです。

だから、わざわざサプリメントを飲む必要がなくなってくるのです。

「ホメオパシーと同じでは？」と思う人がいるもしれませんが、ちょっと違います。ホメオパシーのレメディーにも薬草などのエネルギーは残っていますが、ホメオパシーはあくまでもその人の意識や波動、つまりエネルギー体に働きかけるものであって、現実の物理的なものに対して積極的に働きかけるのは、ちょっと難しいといえます。

例を挙げると、飢餓に近い栄養不足な人間に、ホメオパシーを投与したら栄養が充足できるかというと、それはできません。

ホメオパシーの投与は、基本的に、サプリメント情報を送るのと原理は一緒ですが、そちらは方向性がざっくりしていて、より細かくその人に必要な波動情報を送り込むのが難しいからです。

波動機器で米だけ食べればいい状態になる

波動機器で必要な栄養素を波動として送り込めるようになると、人は最低限の燃料だけを体に入れればいい状態になります。

場合によっては、糖質もエネルギーとして送り込むことが可能になるので、まさに「かすみを食べる」ような感じになります。

いまでもほとんど食事をとらない不食の人たちがいますが、彼らは、波動として取り込んだエネルギーを、自分にとって必要なエネルギーに変えられるのです。

それを、将来的には波動機器を使ってできるようになるということです。


僕自身、普段の摂取カロリーは、1日当たりの成人の必要量を切っています。瞑想する時に必要なエネルギーを取り込むことで、体内で勝手に変換されて栄養になってくれるのです。

瞑想を使う方法は万人向けとはいえませんが、誰もが現実的な形で少食にする方法もあります。波動機器も使わず、誰もが1日1食で元気に過ごせる食事法があるので、それはいずれ、どこかで紹介するつもりです。

離婚がなくなるマッチングアプリが出てくる

いまの日本では3組に1組の夫婦が離婚しています。

そして、裁判所の司法統計によれば、離婚原因のトップは性格の不一致です。

離婚の原因はだいたい複合的なものですし、そこに至るまではいろいろな事情があるでしょうが、そもそもはじめから二人の性格や価値観、趣味嗜好などが合っていないとしたら、やはり離婚の確率は高くなります。

でも、これからは、結婚したい人たちの気質を徹底分析してくれるソフトが出来上がって、それに基づいて分析した同士をマッチングすることができます。そうすると、結婚相手のミスマッチをかなり防げるので、離婚が大幅に減っていきます。

いまの出会い系アプリでも、自分と趣味が同じ人がわかるようになっていたりしますが、あれを非常に細かくしたような感じです。

占星術や算命学などの占いでも、「この星とこの星は相性が最高」とか「この組み合わせは最悪」とか割り出すことができますが、それを超細かくした感じです。

再三話しているように、ＡＩが一番得意なのはパターン分析なので、こうした分野にとても適しているのです。

食糧を増産できるクリスパー技術の一般化

これから人類の食糧を確保していくうえで、ひとつの鍵にクリスパー技術があります。

クリスパー技術とは簡単に遺伝子を改変できる技術で、元々はウイルスの研究から派生したものです。

これが画期的なのは、狙った遺伝子を必ず切り取ることができるという点がまずひとつ。同時に、いままでの遺伝子操作は、特定の遺伝子をノックアウトして外から別の遺伝子を入れる必要がありましたが、こちらは別の遺伝子を加えなくてもいいのです。

だから厳密に言うと、遺伝子組み換え技術ではなく、クリスパー技術でつくった食物は遺伝子組み換え作物とは法的には認定されません。

もちろん、これから先どうなるかはわかりませんが、人体に対しては、遺伝子組み換えよりもはるかに安全といわれています。

クリスパーが一般化すると、どんなことができるかというと、ひとつは魚や家畜（牛、豚、鳥）を2倍ぐらいに巨大化することができます。

筋肉の成長を阻害するミオチンという物質の遺伝子がありますが、それを作り出す遺伝子をチョキンと切ってしまうと、筋肉が勝手に育つのです。そうすると非常に味の良い魚が2倍ぐらいの大きさになります。

何がいいかというと、まず、食糧の生産が2倍に増えるから食糧の増産につながる。もうひとつは殺す家畜を半分に減らせる。これは大きいです。

魚や鳥はどうかわかりませんが、牛や豚は、殺される前に自分の運命を悟って、恐怖におののきます。当然、その波動が世界にまき散らされてしまうので、幽界や冥界のエネルギーを強化してしまいます。

もうひとつ、殺された牛や豚はかなりの数が幽界に行ってしまい、そのエネルギーを強化してホログラフィーに影響を与えてしまう傾向があります。

でも、この技術で家畜を巨大化すると、家畜を殺す量がいまの半分に減るので、それだけでもかなり想念や幽界の浄化につながっていきます。

クリスパー技術は、地球の想念形態も大幅に変えてくれる技術といえるのです。

何歳からでも学習能力が飛躍的に伸びる

バルプロ酸とは、てんかんの薬です。

その効果は目覚ましく、脳を柔らかい状態にしてくれます。

脳が柔らかい状態とは、幼児もしくは若い人の脳になっているということで、そうなると神経系が育ちやすい。つまり**学習能力が飛躍的に伸びるのです。**

でも、これには弊害もあります。人間は延々と脳が柔らかい状態が続くと、統合失調症になってしまうのです。

統合失調症の人の特徴は、延々と脳が柔らかい状態が続くことで、よくも悪くも頭が成人化していきません。

統合失調症の代表的な症状には、大きく分けて陽性反応と陰性反応があります。

陽性反応は、一言で言えば幻視幻聴です。「神様に命令されている」とか「宗教団体から集団ストーカーされている」とか、そういった幻覚が生まれるのです。

統合失調症は診断がつくレベルでも１００人にひとりいるので、けっこうメジャーな疾患なのですが、陽性反応が出た人は、必ずといっていいほど「集団ストーカーされている」と言います。

そういう気がするのでなく、脳内の視覚野が異常に活性化しているので、本人にはちゃんと自分につきまとう人間たちが見えているのです。要は、夢を見ているのと変わらない状態です。

一方、陰性反応の場合は、表情、行動、感情、欲求が平板化します。これは抑うつと勘違いされることもあるし、アスペルガーの孤立型と間違えられることもあります。でも内面はすさまじい情緒不安定で、喜びがなく、強すぎる被害者意識に苦しみます。


鶏と卵の話になってしまいますが、脳が柔らかいままだとこうした統合失調症の症状を起こしやすいので、延々と脳が柔らかい状態が続くのはよろしくないわけです。

そういうわけで、バルプロ酸は脳を柔らかくしてくれますが、飲み続けていると、てんかんは収まるけれど統合失調症になりやすいという問題があります。

でも、いずれは統合失調症にならない、副作用の面だけ取り除かれたバルプロ酸が開発されていきます。その結果、人間の脳が柔らかい状態になって、**何歳からでも驚異的な学習能力を見せられるようになっていくでしょう。**

直観を視覚化することができる

大半の人は、「自分には直観力がない」と思っていますが、あれは間違いで、内面では細かく感じ取っています。

というのは、直観にはいろいろな要素がありますが、そのひとつにパターン分析が挙げられます。「職人の長年の勘」などもまさにパターン分析です。

すべての人は何らかのパターン分析ができているのですが、あまりに無意識すぎて、それを知覚できないのです。

でも、直観が働いた時は、必ず皮膚の電気抵抗や脳波にほんのわずか反映されているので、それを拾う装置ができれば、直観を視覚化することができます。

指の筋力の変化を調べるO-リングテストなどもまさにそうです。

たとえば、あるモノとの相性がよいかどうか、自分ではわからない。でも、Oーリングテストをやってみると、自分に合わない場合は、親指と人差し指で作った輪が簡単に開くという現象が起こります。筋力が弱まるからです。

それは、明らかに筋肉の電気抵抗が変わっているということです。ただ、普通の人は自分でそれに気づくのが難しいのです。

知覚過敏の人に直観力があるといわれるのは、体内のわずかな変化にも気づくことができるからです。

要は、ウソ発見器をより細かくしたものだと思っていいですが、それが出来上がります。そうすると直観が視覚化されるので、誰でも優れた直観力を発動できます。

ロボット装着で腕を増やす

体に装着できるロボットがより進化します。

背中にリュックのようなものを背負うと、そのリュックに千手観音《せんじゅ》のようにたくさんの手がついていて、いろいろな仕事をしてくれます。

たとえば子育ての最中だったら、自分の手で子供を抱いた状態で、ロボットの手が料理をやってくれるというふうに、いろいろな作業が同時進行できるようになります。

もうその原型は出来上がっています。

ロボットアームがより発達して、千手観音化していくのです。

スマホ以上に高性能な電子皮膚の開発

皮膚の上に薄い膜を張って、それがスマホと同等以上の機能を果たしてくれる「電子皮膚」が開発されます。

マイクロチップの埋め込みなどとは比べものにならない、究極のウエアラブルです。

非常によくできたシールのようなものですが、湿布薬を貼った時のような異物感はなく、装着感はゼロ。

この電子皮膚は、我々がいま使っているスマホと同じ使い方ができます。メール、ネット、電話、決済、動画閲覧、撮影がこれひとつでできるのです。映像をホログラフィー的に、この電子皮膚の上で立ち上げることも可能です。

さらに、その人の血糖値、血液、ホルモンの状態を把握することができるので、それらの情報を医療データセンターへ常時送信し、異常がある場合は知らせてもらえるようにしたり、データに基づいて、体内を巡回しているナノロボットが適切な動きをしてくれるようにコントロールしたり、どんな食事、サプリメント、運動が向いているかを提案してもらったりすることが可能になります。

また、これは強制ではなく任意ですが、1日の動き、どこを歩いたか、どこで何をしたかを全て記録してくれて、効率的な動線（行動経路）を示してくれます。

自分がどういう人間であるかを分析してくれて、適切な自分の取り扱い説明書を作ってくれる機能も備えています。いわば占星術の代わりを務めてくれるのです。

スマホの場合は充電が必須ですが、電子皮膚に必要な電気は体熱から取るため、充電は不要です。その電気もほとんど使わないため、電磁波から受ける害も最小限にとどめることができます。あるいは、電磁波から発生している気を良い気に変換するアプリを電子皮膚にインストールすることができるので、電磁波による波動問題は解決します。

このように多くのメリットがある電子皮膚ですが、埋め込み型ではないので、気に入らなければ外すことができます。

これは、どんなに遅くとも２０４０年には完成しているでしょう。

ブラックホールの原理を使って、現実をつくり出す

現実をつくり出すホログラフィーを、映写機やパワーポイントの画像をスクリーンに映し出すのと同じ要領で、自分でつくれるようになります。

ただ単に絵ができるのではなく、現実が出来上がるということです。

もちろんいまでもホログラフィーはあって、亡くなったミュージシャンの生前の姿を立体映像にしてステージを再現したりと、徐々に使われるようになっています。

でも、いまの段階のものは触ろうとしても実体がなく、手が向こう側に通り抜けてしまいます。

それに対して進化したホログラフィーでは、実際の「もの」をつくれるのです。

しかも限定されたものではなく、いろいろなものの実物をつくれるホログラフィーのボックスが出来上がるのです。それが食べ物であれば当然食べられます。

使われる原理はブラックホールです。
ブラックホールの「ものを吸い込まない」版。

ある意味、人間が神になってしまうということです。

はじめはほんの小さな飴玉1個がつくれるレベルでしょうし、映し出した位置にある時は実物でも、そこからちょっとずらすと消えてしまうとか、その程度だと思います。

でも、つくれるものはだんだん巨大になっていき、しかも動かせるようになるはずです。

そういうものが、２０４０～２０６０年頃にはできるでしょう。

服が電子広告となる

布と同じような柔らかさと肌触りを持つ、液晶か有機ＥＬの装置が出来上がります。ネットとつなげればいろいろな広告を表示できるので、お金のない人や小銭を稼ぎたい人が、その素材で作った服を着て歩き回るようになります。

街角で飲食店などの宣伝をしているサンドウィッチマンの先端版です。

これも２０４０～２０６０年頃にはできるでしょう。

自分の脳をクラウドに直結させられる

自分の脳の思考や記憶を読み取ってくれるセンサーを、頭に貼るか埋めるかして、それをネットにつないで、その情報を自動的にクラウドに上げておくことができます。

メリットは、**潜在意識を視覚化できて、いつでも取り出せることです。**

クラウドに上げなかったとしても、実際は誰もが潜在意識につながっていますが、困ったことにその中身を視覚化したり、引き出したりすることが難しい。その部分が解決されるのです。

ナノロボットの技術で、町から犯罪が消える

街から犯罪を消すのは、至難の業《わざ》に思えるかもしれません。

でも、将来的にはそれが可能になります。

方法は三つあります。

一つ目としては、ナノロボットの技術を使うことです。意識改革の部分はなしにして、

あくまでも現実の技術だけで言うと、その人が何か望ましい行動をした時に、ナノロボットがその人の脳内に、エンドルフィンなどの快楽を与える物質を放出させます。

そうすると、その行動が強化されるわけです。

二つ目としては、逆に望ましくない行動をした時には、脳内のドーパミンが抑え込まれるようにします。

犯罪にはいろいろな視点がありますが、集約すれば「ついやってしまった、困ったからやった、それをやると気持ちいい」の三通りになります。

このうちの三番目に注目したのがこの方法です。

いじめがなぜなくならないかというと、意識云々よりも、**人をいじめるとドーパミンが多量に出て気持ちいいから。**あるいは、犯罪をすることでドーパミンが出るケースはとても多く、性犯罪者などはまさにそうです。「スリルを味わいたい」というのも、典型的なドーパミン支配によるものです。

だから、犯罪的な行動に対してドーパミンが抑制されるようにすると、気持ちよくないからやらなくなるのです。

麻薬などの犯罪も減らせます。A10神経に健全な範囲で電気刺激を与えることができれば、自動的に快楽が得られるので、覚せい剤など必要なくなります。

この手法は、すでにうつ病の患者には使われたりしています。何をどうやってもセロトニンが分泌されない人がいるので、そういう場合に電子刺激療法が行われています。電気刺激でセロトニンが出たような状態にした結果、うつが治る人もずいぶんいます。その応用版と思ってもらえばいいです。

『２０４０年の世界とアセンション』（徳間書店）でも、電気刺激で神経系を発達させて、情緒の安定や集中力アップを図れるという話をお伝えしました。

そこで出てくるナノロボットの機能にプラスして、今度は電気刺激を加えて、望ましいほうを増長させたり、否定的な行動を減らしたりするというものです。

受け入れがたい人も多いと思いますが、徹底した管理社会の到来です。

徹底した管理社会の到来

すでに中国でさかんに運用されている信用スコアは、社会的信用を下げるような行為をすると、公共機関で受けられるサービスが減るというものですが、実際にあれで犯罪行為や迷惑行為がどんどん減っています。

意識が変わらなければ、人間の本性はどこまでもクズです。

悪さをしないのは良心が痛むからではなく、自分が生き残るため。集団の同調圧力に屈することで、悪いことをしなくなるのです。それをより細かく、徹底的に促すのが信用スコアです。

将来的には、監視と、顔認証と、ＡＩによるパターン分析が徹底されていきます。

もうすでにNECでも高性能の顔認証システムができているし、JR東日本も、顔認証システムのある防犯カメラを一部の駅に導入していたのを、スクープされて大騒ぎになりました。その後も運用ルールが明確でない点などを指摘されて批判されました。

でも、こうしたことは絶対にこれからも実施されていきます。

なぜなら、やらないと世界に取り残されるからです。

日本が途上国に転げ落ちるのを防ぐために、やらざるをえないのです。

商品がヒットするか否かを判定する機械の開発

商品が売れるか売れないかのパターンは、絶対に存在します。

そのパターンを読み取れないから、売れるか否かわからないのです。

ヒット商品を連発できる人、判断できる人は、なんとなく世の中の人が空気として何を求めているかをパターン化できるのです。「ヒットにはこういうパターンが含まれている」ということを、無意識のうちに把握できているともいえます。

すでに人事でも、ＡＩで革命が起こっています。

ある会社は、離職率がかなり高く、ブラックな要素などは全部取り除いたにもかかわらず離職率の高さが改善されませんでした。

でも、２週間に１回ぐらい社員と面談して、「今後どうしていきたいか」という文章を書かせてＡＩで分析すると、仕事を続ける人、続けない人のパターンがわかるようになったのです。

不思議なことに、文章が前向きだから辞めないかというと、そうではない。文章が後ろ向きだから辞めるわけでもない。その逆のことがけっこう起こっているのです。

ＡＩは、「これを書いた人は絶対辞めます」と判定する。でも、人事の人は、「誰がどう見てもやる気があるし、文章にもそう書いているし、どんどん積極的に意見も出している、やめるわけがないだろう」と思う。でも、判定された人は実際に辞めてしまうのです。必ずどこかに、特有のパターンが出ているということです。

AIは、現時点では職人の勘的なパターンを抽出するのが得意です。

商品が売れるか否かわかる人というのは、無意識のうちにパターンをつかんでいて、それを顕在的な意識に上らせるのがうまいのですが、これからAIのさらなる進化でそれと同じことができるようになっていきます。

AIが進化しても、ターミネーター的に人間と敵対したりする心配はありません。

体力的な負担が大きいことや、自分でやらなくてもいいことはAIに委《ゆだ》ねて、より創造的なことに能力を使っていけばいいのです。

急死がなくなる

持病があるわけでもなく、医学的にどこからどうみても健康体。なのに、ウイルス感染でも事故でもなく、急に亡くなってしまう人が一定数います。

そういう場合に超高性能の血液検査をすると、ある特定の成分の数値が跳ね上がっていることが多いのがわかります。

三つぐらいの成分の値が跳ね上がっていると、急死する可能性がとても高いのです。その成分は、いままで毒性などはあまり指摘されていなかったものです。

それらの値を把握できれば急死を防げる確率が高くなるのですが、そこで活用されるのが、毎回毎回注射で血を抜く必要がない、ウエアラブルなものとか、まったく痛くない状態で針を刺し続けるような機器です。

すでに、24時間測定できる血糖値測定器があって、ネットショップでも普通に手に入りますが、その機器にはまったく痛くない丸型の針がたくさんついています。

ただ押されている感じというか、そういう感覚すらあまりないものです。でも一応針が血に触れているので、いつでも自分の血糖値がわかるのです。

それと同じ形で、超高性能の血液検査ができれば、しかもそれをクラウドにのせれば、もし危険な変化が生じてもリアルタイムでキャッチできます。

もうひとつ、血液だけでなく尿にも莫大な体の情報が詰まっているので、最先端の研究で尿検査がまた見直されています。

でも、毎回病院に行って尿検査するのは手間がかかるので、自宅の便器にセンサーをつけて測定できるようにします。そうすれば、簡単に尿検査ができて、前述の急死に関わる三つの成分の数値や、尿のたんぱくや癌に関係した数値などもわかります。

実際、ひどくなってから病気を治すのは難しいですが、事前に予防できればたいしたことはないわけです。

予防法としては、まず健康法を頑張ること。もうひとつは、細かく検査すること。前者も大変ですが、後者はもっと大変です。お金も時間もかかるし。癌で亡くなる人も、「まさか自分が」と、癌検診を受けなかったりします。

でも、日常的に血液や尿のデータをクラウドに挙げることができたなら、毎日細かい人間ドックを侵襲性なく受けられるのと一緒なので、病気が予防できます。

こうした技術も進んでいて、たとえば日立は、1滴の血で97~98パーセントの癌を検出できる装置を作っています。

半導体が加速すれば、検査時間をさらに短縮できると同時に小型化でき、しかもウエアラブル化できるので、提携病院にリアルタイムで情報をアップすることができます。

これは、2040年頃には実現するでしょう。


技術だけを考えると「不可能そう、大変そう」と思われそうですが、これは夢物語ではありません。極端に言えば、**半導体の性能が上がるかどうかだけの話なのです。**

かつて日本の半導体は強かったですが、いまはその分野で一番強いのは台湾です。

東芝が半導体子会社を売却してしまったからです。

でも、台湾のTSMCだったかが、火事を起こして半導体の製造が止まったことから、本書を書いている時点では世界的に不足しています。

半導体の性能さえ上がれば科学技術は飛躍するし、そこに日本は力を入れつつあります。もう一度、自前のものを作り、半導体大国にしようとしているのです。

「あなたがどの星から来たのか」がわかる！惑星別の魂の特徴ガイド

第5章

あなたの宇宙魂がわかる

スターシードのあなたは、おそらく一度は考えたことがあるはずです。

「私はどこの星の出身なんだろう？」

この章では、それを知るためのヒントを書いていきます。

ここに挙げた「惑星別の魂の特徴」と、いまのあなたの容貌や性格、才能、行動パターンなどを照らし合わせてみてください。

そして、266ページからのチェックリストの中で、自分が当てはまると思うものに、印をつけてください。

もしもプレアデスのページで最も多くチェックが入ったなら、あなたはプレアデス星人の魂を持っています。同時に、「プレアデスほどじゃないけど、エササニの特徴もかなり当てはまる」というなら、エササニとの関わりもあるはずです。

どの星の魂も個性豊かで、長所もあれば短所もあります。

自分の資質を仕事にどう活かすか、どんな選択をすれば楽しく生きられるか、そうしたことを考える際のひとつの材料にしてもらえればと思います。

付け加えると、実際は、**出身星がたったひとつだけという人は存在しません。**たとえばあなたが根っからのプレアデス星人だったとしても、実はずっとそこだけに居続けたことはありません。琴座のベガにもいたし、シリウスにもいたこともあるでしょう。

どんな人にもさまざまな星のエネルギーが混在しています。

あくまでも、**いま地球にいるうえで、最も強くエネルギーの影響を受けている星はどれか。そういう意味で、あなたは〇〇星人だということなのです。**

では、それぞれの星の魂の特徴を、一つひとつ見ていきましょう。

プレアデスの魂を持つ人の特徴

プレアデス系の魂を持つ人たちの特徴を見ていきましょう。

プレアデス系の人たちは、大きなアーモンド形の目をしていて、全て見透かしているかのような印象を与えます。いわゆる「目力が強い」というやつです。

肌の色は白くてなめらか。体が弱くても、肌つやだけは健康的で、自分の不調を周囲が気づいてくれないことに悩んでいたりします。

パッチリとした目、白くて美しい肌と、現代人に好まれる顔立ちをしています。

美男美女が多いといえるでしょう。

年齢不詳で中性的。ミステリアスな雰囲気です。

肉体的には、体調を壊しやすいか、ものすごい健康体かのどちらかです。

メンタルのほうは意外と弱く、繊細で非常に傷つきやすい傾向にあります。

劣等感が強くて落ち込みやすく、トラウマを抱えていることもままあります。

変わったものが好きな人が多く、ゴシップや噂話のような世俗的な話題にはあまり関心がありません。物事の本質に興味があるため、哲学やスピリチュアルなどにハマりやすい傾向にあります。

また、世の中をよりよく変えていこうという志向が強く、医療、心理学、環境問題といったテーマを好みます。

権力や常識に支配されることが嫌いで、ルールや慣習を打ち破るようなアイデアを出すことができます。常識やルールが嫌いな一方で、倫理や秩序を大切にする一面もあり、弱者を守ろうとする気持ちや正義感を強く持っています。

やると決めたらどこまでも突き進んでいくのですが、自分が意味を感じないものには全く興味がわかず、ちっとも動こうとしません。

金銭や持ち物にあまり執着がなく（どちらかというとカネやモノを動機に行動することを浅ましいと思っている）、働くことにもなかなか興味を持てません。

なので、ひきこもりやニートのような生活に陥ることが多いのですが、その一方で、意義さえ感じてしまえばどこまでも行動するため、使命感を持って取り組める仕事に出合うと、一気にワーカホリックになってしまいます。

知性が高く、論理的思考に長けています。コミュニケーション力については高くありませんが、説得力のある話をすることができます。

また、独特なカリスマ的雰囲気を持っているため、講師、リーダー、教祖などのような、知識や真理を教える立場に収まることも多いです。

基本的にあらゆる面で能力が高いのですが、向き不向きが激しく、また、環境や人間関係に影響されやすいため、その高い能力を発揮する場が非常に限られます。

サイエンスまたは芸術の分野で才能を発揮することが多いのですが、とにかく環境を選びます。

小さな頃から子どもらしさに欠けていて、親がドキッとするような鋭いことを言ったりします。同年代の友だちとは話が合わず、友だちよりも大人とのお喋りを好む傾向にあります。

幼少期は病弱で、家庭環境に苦しむことも多い傾向にあります。集団になじむことが苦手なため、学校でいじめの標的にされやすく、踏んだり蹴ったりの子ども時代を過ごす人も多いでしょう。

学校の成績は、優等生か落ちこぼれかのどちらかに転ぶことが多い。とにかく何事においても極端です。

洞察力に長けており、高い知性と相まって、大人になってからは起業して大きく活躍する可能性も高いでしょう。

社会適応力があまりありません。むしろ、社会的な決まりや文化をばかばかしく思っているところがあり、独自の美意識に従って生きています。

お金、異性、ファッション、美食といった世俗的な物事にあまり価値を見出せず、悟りや意識的な成長に深い関心を持っています。競争や争いごとが苦手です。

感情がないわけではないのに、感情を表現することが非常に苦手で、常にポーカーフェイスです。「怒ってるの？」「つまらない？」と周囲に聞かれることもしばしば。

いくつになっても無邪気な一方で、どこか老成しているところもあり、つかみどころがありません。

スピリチュアルな要素については、直観力や写真記憶、エネルギーヒーリングといった特殊能力に長けている傾向が見られます。

しかし、自分ではその価値も使い道もよくわかっていないことも多くあります。

▼プレアデス系の長所と短所

プレアデス系の魂を持つ人の長所と短所を挙げていきます。長所と短所を知ることで、自分の適性が見えてきます。仕事選びなどの参考にしてください。

[長所]

◉論理的思考に長けている
◉集中したらいつまでもやり続ける
◉興味が一点に深く集中する
◉使命感や責任感、正義感に従って行動する

［短所］
◉空気を読むことが苦手
◉複数の仕事を同時進行でこなすことができない

これらの得手不得手を持つプレアデス系の魂を持つ人は、研究職や文筆業、芸術活動などに向いている傾向があります。

事務職のように複数のルーティンをささっとこなしていくような仕事ではなく、じっくり集中して取り組める環境を確保することが大切です。

シリウスの魂を持つ人の特徴

シリウスは、地球にイノベーションを起こし、社会変化を促す役割を担っています。

まだあまり知られていない情報や人材を見つけ出し、世に知らしめていく。

そして、古い文化に新陳代謝を促していきます。

シリウス系の魂を持つ人たちの特徴を見ていきます。**シリウス系の魂を持つ人は、プレアデス系の魂を持つ人と似ている点も多々あります。**


見た目としては、そんなに多くの特徴があるわけではないのですが、あえて言えば、ほお骨の出ている人が多いかなという印象です。

性格的には、暑苦しいほど情熱的か、無機質に感じるほどクールかにきっぱり分かれます。

外に目が向きやすい傾向にあります。例えば、外国にばかり憧れて自国の文化のよさにちっとも気づかない、といった感じです。

興味がすぐに移りやすく、いつもあちこち動き回っているので、外国への憧れもあいまって、世界中を飛び回るような忙しい生活をする人も多いでしょう。

発想力があり、いつもアイデアに満ちています。話すときは一気にまくしたてるように話し、他の人が口を挟む隙を与えません。

明るくアグレッシブに見える反面、心のうちには劣等感を強く抱えていることが多く、心から信頼し合える友人は少ない傾向にあります。知り合いは多いのに友だちは少ないという感じで、単独行動を取ることが多くなります。

恋愛はあまり得意ではありません。熱いタイプはストーカーのようになってしまうくらい偏った気持ちで相手にのめり込み、クールなタイプは異性の知り合いが多い割には親密な関係に進展する機会に恵まれません。

スピリチュアル的な要素を見てみると、熱いタイプは真っ赤なオーラを持っていることとが多く、クールタイプはエネルギーが電気的になりやすい傾向にあります。

国家的な危機感を持っている人も多く、世のために戦うことを厭《いと》わず、女性はジャンヌ・ダルクのように使命感に燃えて起業するといった人も多くいます。

気まぐれで飽きっぽいため、定職に就くことは少なく、職を転々とするケースがよく見られます。自営業などで自由を確保しながら働くというスタイルが向いています。

それなりの直観力やエネルギー感受性に恵まれているため、ヒーラーや占い師など、スピリチュアルな仕事に就く人も割といます。

▼シリウス系の長所と短所

シリウス系の魂を持つ人の長所と短所を挙げていきます。長所と短所を知ることで、自分の適性が見えてきます。仕事選びなどの参考にしてください。

［長所］

◉変化に対応できる
◉会ったばかりの人と打ち解けるのが早い
◉アイデアにあふれている
◉熱意と情熱で行動する
◉アクティブで行動的
◉新しいことをどんどん始めるバイタリティがある

［短所］
◉落ち着きがなく、じっくり物事に取り組めない
◉一度決めたことをすぐに変更する
◉周囲との調整よりも自分の意見を優先する

その類いまれなる行動力は、起業に向いています。その行動力とアイデアで、どんどん人脈を広げていくでしょう。

ただ、人を雇うようになると、ワンマンになりがちです。自分のことをしっかり理解して支えてくれる右腕を探しましょう。

また、芸術的センスに長けている場合も多いので、創作活動もよいでしょう。組織に属するのは向いていません。アトリエでひとり作品作りに没頭できる環境があるとよいでしょう。

起業や自営など、自分の思った通りに動ける状況であれば、素晴らしく能力を発揮します。

オリオンの魂を持つ人の特徴

オリオン系の魂を持つ人は、まろやかなサイコパスと思ってもらえばいいです。最も環境に影響されやすい人でもあります。

第2章の環境ストレスの話にもあったように、昔の心理学、精神医学では「よい遺伝子・悪い（欠陥）遺伝子」という区別があり、脆弱性ストレスモデル（元々敏感な性質の人が環境からストレスを受けやすい）という考え方が採用されていました。

でも実際は、遺伝子は環境増幅装置にすぎません。環境次第で非常に良くもなるし、悪くもなる。これを差次感受性といいますが、サイコパスはまさにその典型です。

芸術の世界では、サイコパス傾向の人ほどクリエイティブな素晴らしいものを創るということが、データとして出ています。テスラ社ＣＥＯのイーロン・マスクや、アマゾンＣＥＯのジェフ・ベゾスなどにもそういう傾向があります。

したがって、環境を適切な形にすれば大成功して社会に貢献するし、そうでなかったら地に堕《お》ちてしまいます。

環境増幅装置の典型。それがオリオン系の人です。

また、サイコパス傾向の人には、口が達者で、表面的にはすごく魅力的な人が多いのですが、実際は共感能力が低く、他者に冷淡であるという特徴があります。

▼オリオン系の長所と短所

オリオン系の魂を持つ人の長所と短所を挙げていきます。長所と短所を知ることで、自分の適性が見えてきます。仕事選びなどの参考にしてください。

［長所］

◉芸術的センスがある
◉戦略に長けている
◉交渉力に長けている

［短所］

◉サイコパス傾向がある

オリオン系は基本的に高い能力を持っている人が多いにもかかわらず、人生は天に昇るか、地に堕ちるか、の両極端になります。

どちらになるかは運などの偶然もありますが、前述のように、環境が決め手になります。

魂に刻まれた才能をいかんなく発揮できる環境であれば、周囲は苦しいけれど社会的には極めて優れた功績を残すこととなります。

既存秩序の壊し屋という側面もあるので、ダークヒーロー的ではありますが、結果として社会の効率性が増す、という結果ももたらします。

そうでなければ、場合によっては犯罪者やパーソナリティ障害となってしまいます。

したがって、周囲の人間が早期に才能を見出し、それを発揮できる環境をつくってあげることが、適切な形でオリオンの力を活かすことにつながります。

また、「自己中心的ではあるけれど、社会倫理観は強い」という傾向があるため、早期から健全な範囲で常識を教えることで、周囲や社会への厄介ごとは大幅に減らすことができます。

エササニの魂を持つ人の特徴

エササニは、宇宙全体や世の中の普遍的な仕組みを伝える役割を担っています。スピリチュアル全体を健全な方向に軌道修正し、地球人特有の凝り固まった思考の傾向を軽減させます。また、宇宙人と地球人が円滑に交流するために、考え方や知識の面での土台づくりをします。

エササニ系の魂を持つ人の特徴を見ていきましょう。

エササニ系の人は、年齢不詳で不思議な魅力を持っています。とにかく楽観的で無邪気、あっけらかんとしているのが特徴です。地球人がいつも深刻に悩んでいることに、全く理解を示しません。

ほんわかと周囲を和ませる雰囲気を持っていますが、アウェイの空間になると、萎縮して大人しくなることもよくあります。

哲学好きで、質問に対して即座に真理を突いた回答をすることが得意です。小さい頃はこれで周囲の大人を驚かせたりしていました。

哲学的なものへの傾倒が進み、学生時代などは死への憧れや自殺願望を持ってしまうこともあります。堅物《かたぶつ》な父親とそりが合わず、家庭での居場所もなかなか見つけられないといったこともままあります。

また、穏やかな性格に反して友人が少ない傾向にあり、楽しい学生生活とはかけ離れた青春時代を過ごす人が多いでしょう。

集団になじみにくく、就職してからも苦労は続きます。

性格としては、とても優しく奉仕の精神にもあふれています。震災などが起こると、お金を寄付するよりまずボランティアで自分が動くというタイプです。

国という概念に縛られることがなく、地球市民的な世界観を持っているため、海外協力隊などにも高い関心を持っています。

自分のワクワクする感覚に従って生きることを信条とし、決して無理はしません。本音と建前の使い分けが苦手で、つい本音が出て失敗することも。音楽や読書が好きで、ゆったりと過ごす時間を大切にします。都会に疲れ、田舎暮らしに憧れる傾向があります。

エササニ系は男女の性によって異なる傾向を持っています。

女性は、女性同士の空気を読み合う関係に疲れてしまうことが多く、女性グループの中で浮いてしまいがちです。社会にも適応しづらい傾向にあります。

絵や音楽など芸術方面に高い才能を発揮することがあります。また、ダンスやマッサージ、占いなどを職業にすることが多く、適性もあります。一般事務などはあまり向いていません。

男性は文章で伝えようとする気持ちが強く、高い文章力を持っています。意識が高く、悟りへの才能の片鱗も見せますが、なぜか一般的な職業に収まってしまう傾向にあります。これは、行動力が希薄であることが理由かもしれません。

男女ともに、チームを組んで物事を成し遂げるよりも、ひとりで取り組むことを得意とします。

日常の些細なことからもワクワクを見つけ出すのが得意で、また、それを人に教えることも上手です。

自分はスピリチュアル界のリーダーだという自負を持っていることも多く、スピリチュアル系の学校などで講師として活躍することをもくろんでいたりします。

人の相談に乗ることが好きで、善悪といったモノサシではなく自分の目で見て、考えて回答することを心掛けています。

夢に強い関心を示す傾向にあり、夢から啓示を受けたり、明晰夢を見たりすることがあります。霊能力はそれほど持っていませんが、人生をよりよく生きる上で霊的なものを大切にします。

スピリチュアルが大好きで、UFOネタを特に好みます。

世俗的なことには関心が薄い傾向にあります。

放つ波動のタイプは大きく二つに分かれます。まろやかで質のよい夢とよく似た波動か、胸と喉のチャクラを活性化させるような躍動的な波動です。

多くの人が抵抗なく受け入れられるような、親和性が高くほがらかな霊的エネルギーを放っていて、いるだけでその場をイヤシロチ化する力を持っています。

▼エササニ系の長所と短所

エササニ系の魂を持つ人の長所と短所を挙げていきます。長所と短所を知ることで、自分の適性が見えてきます。仕事選びなどの参考にしてください。

［長所］

◉ヒーリングやカウンセリングの能力が高い
◉文章表現が得意
◉人に教えることが上手い

◉スピリチュアルを的確に理解する能力がある
◉日常に楽しみを見つけ、深刻にならずに毎日を楽しむことができる
◉芸術的センスがある

［短所］
◉何事も中途半端
◉無理をしないため、才能を開花させにくい

ヒーラーやカウンセラー、教育者としての適性が高いです。

また、建設や都市づくりに関わるのもよいでしょう。

ただし、無理をせずに人生を楽しむ傾向があるため、せっかくの才能を生かしきれず、中途半端に終わってしまうことも多いです。

エササニ系の場合、普通に楽しく生きているだけで、無意識にその朗《ほが》らかさが地球によい影響を与えるという面があります。

しかし、せっかく持って生まれた才能があるのですから、ぜひ、歯を食いしばって頑張る時期を設け、才能を開花させてほしいものです。

アルクトゥルスの魂を持つ人の特徴

アルクトゥルスは、地球の民にとって一歩進んだ存在です。

これから目指すべき意識形態を体現しています。これから急激に変化していく地球に、少し先の様子を伝え、変化への対応力を与える役割を担っています。

アルクトゥルス系の魂を持つ人の特徴を見ていきましょう。

地球に課せられた制限からかなり自由です。発想が柔軟で、これまでの常識や慣習にとらわれることがありません。

直感力が極めて高く、シンクロニシティをよく起こします。前世をかなり覚えていたり、母親の胎内にいたときの記憶が残っていたりします。

濃厚な癒しのオーラを放っています。歩くヒーリンググッズといった感じです。教わることなくさまざまなエネルギーワークを自然と身に付けています。ヨガや気功などにも長けていて、すぐに高いレベルで習得することができます。哲学や心理への理解が深く、ニセモノのスピリチュアルを見抜く目を持っています。天使や妖精が好きで、天使や妖精とチャネリングで通信しています。いわゆる「不思議ちゃん」です。

慈愛に満ちていたずら好き、意味もなくウキウキしています。動物に愛され、動物と会話ができます。

幼い頃から自分の進むべき方向性や役割を自覚しています。物欲や自己顕示欲があまりないため、使命からズレることなく邁進します。

外界のものを周波数として見ており、共感覚を持っていることも多々あります。地球の感覚とはかけ離れているため、一般的な仕事をしたり、組織に属したりするのはまず無理でしょう。

▼アルクトゥルス系の長所と短所

アルクトゥルス系の魂を持つ人の長所と短所を挙げていきます。長所と短所を知ることで、自分の適性が見えてきます。仕事選びなどの参考にしてください。

［長所］

◉スピリチュアル的な能力が高い
◉心も体も美しい
◉チャネリングやエネルギーワークといった特殊能力に長けている
◉音や色を扱うのが得意

［短所］

◉地に足がついていない
◉栄養面での問題を抱えやすい
◉邪気を受けやすい

長所の裏返しでもあるのですが、とにかくグラウンディングが甘いです。

よく言えば軽やか、悪く言えば安定感がありません。

一般的な職業に就くことは難しく、ヒーリングやセラピスト、芸術関係に適性がありま す。スピリチュアル的な能力や自分の感性を生かす仕事に就くとよいでしょう。

非常にクリアで澄んだ存在です。

琴座の魂を持つ人の特徴

琴座系の魂を持つ人は、頭がよく、知識欲求も高く、分析を好みます。その分頭でっかちになりやすく、自信家が高じて尊大な性格になりやすいところがあります。

その一方で、人を楽しませるコミュニケーションに長けています。

想像力や発想が極めて豊かで、イメージや思考が次々と浮かんでくるので、頭の中はいつもうるさい状態です。

静かな田舎暮らしは性に合わず、にぎやかな環境に身を置きたい人です。

一か所にじっとしているよりも動き回ることを選びます。常に変化を求めています。

本人にも気まぐれなところがあり、言うことがコロコロ変わったりします。

表面的には社交的ですが、人と一緒にいるよりも単独行動を好みます。一見サバサバしていますが、情に厚い浪花節的な傾向もあります。

▼琴座系の長所と短所

琴座系の魂を持つ人の長所と短所を挙げていきます。長所と短所を知ることで、自分の適性が見えてきます。仕事選びなどの参考にしてください。

［長所］

◎小説や脚本作りを得意とする
◎エネルギーヒーリングを得意とする

◉音楽と語学を得意とする
◉エンターテインメント的な接客を得意とする
◉人類愛に長けている
◉行動力に長けている

［短所］
◉飽き性で長続きしない
◉器用貧乏になりやすい

琴座は、一言でまとめると、能力が高い多動衝動優位型のＡＤＨＤです。

もう少しわかりやすく言うと、やんちゃで精神的に幼稚な面のある、でも能力の高い成功者という感じです。

成功した経営者や科学者にみられるタイプです。

そういう人たちは、人格的に優れているかといったらそうではなく、けっこう子どもじみているし、特定の面ではとんでもなく頭がいいのに、他のことに関しては普通以下だったりします。まさに琴座の魂を持つ人の典型といえます。

琴座が自分を活かすためには、クリエイター系や営業、接客など、自分の得意な分野で勝負することです。

興味の幅が広く多才でもありますが、その分一つひとつが浅くなりやすいので、高い成果を出すにはある程度的を絞ったほうがいいでしょう。

勤め人には向いていないので、組織に入るとしても、できるだけ自由度の高い環境を確保することが大切です。

地球系の魂を持つ人の特徴

地球系は、現実社会への適応力があります。何か問題が起きても、解決に向けて熱心

タウ星人

タウ星人の魂を持つ人は、とても気さくでフレンドリーです。困っている人を見過ごせない性分なので、人助けやボランティア活動を好んだり、環境、貧困問題に関心を持ちやすい傾向があります。理想主義者でもあります。

視覚思考型で観察力に長けていて、視覚的な分析能力にも長けているため、機械や建物の構造設計も得意としています。

常に変化を求めるので、仕事でもプライベートでも、同じことを延々と繰り返すような生活には嫌気がさしてしまうでしょう。

［長所］

◉知的欲求がとても高い

◉ネットワークを作ることを得意とする

◉豪放磊落

［短所］

◉予定や約束について、ルーズなところある

◉ジャイアン的に主導権を握りたいところがある

ゼータレチクル星人

ゼータレチクル星人の魂を持つ人は、表面的には無感情で、自己表現の仕方が平板な傾向があります。

情緒的、非論理的な考えや話を嫌い、物事を超合理的に判断するため、周囲からは非情と思われやすいところがあります。

そのわりに寂しがり屋なのですが、人付き合いへの欲求がないか、大きな壁を感じて

しまうので、人間関係も表面的なものになりがちです。

また、計画やマニュアルに則って動くことを好み、その代わりに自由に動くことを苦手とします。

世俗的なことにあまり関心がないだけでなく、興味が異常に限局されていて、仕事と勉強以外には興味がありません。

睡眠、食欲、性欲といった本能的な欲求も薄い傾向があります。

[長所]

◉理数系に強い

◉興味のあることに関する集中力や継続力が並外れている

[短所]

◉他人への共感を苦手とする

◉計画やマニュアルなしには動けない

キリスト意識

キリスト意識の魂を持つ人は、メタ認知、注意制御機能が徹底的に開発されているのが大きな特徴です。修行僧的に、それらの実行機能の開発に力を入れています。自身を常に深く考察し、「この言動や感情の源はどこからやってきているのか」と観察しています。

学生時代から、「この地球をどうにかしなければ」という強い想いに駆られ、世界を変えたいという想いを強く持ちながらも、どこか冷めた諦めの気持ちを持っています。世の中の変化や事象を常に諦観しようとしているところがあります。

他人よりも厳しく合理的な側面を見せながらも、とても情に厚く優しく、人からの頼みなどを断れない一面もあります。

［長所］

◉客観性と公平性に極めて優れている
◉厳しさと優しさを併せ持っている
◉面倒見が良く、教育熱心で教えることが上手

［短所］
◉自分に厳しすぎて、自分で自分を追い込む傾向にある

ペガサス星人

ペガサス星人の魂を持つ人は、自由奔放で、好きなこと以外はできないタイプです。挑戦することが好きで、思い立ったら行動せずにはいられないせっかちな人でもあります。

指図《さしず》、命令されることを極端に嫌うので、組織に属するのはとても難しく、逆に自営、

起業には向いていません。しかし、世俗的な意味での上昇志向は薄いので、自他の社会的な地位には関心がありません。

一度興味を持ったことには無我夢中になりやすいですが、ある程度、達成すると飽きて別のことに興味が移ってしまいます。

マイペースな気分屋の半面、面倒見はとてもよいところがあります。ルーティン的な家事は苦手です。

［長所］

◉オープンで正直

◉気持ちの切り替えが早い

［短所］

◉感情の起伏が激しい

◉一つのことを長く継続するのが苦手

ベラトリックス星人（クール系のシリウス人に似ている）

ベラトリックス星人の魂を持つ人は、交渉事に長けているのが大きな特徴です。あの手この手で人を動かし、自分の思い通りに事を運びます。海外の異質な文化や環境に対する適応力、対応力も優れているので、国際的に活躍する人も多いでしょう。

また、リーダーシップがあると同時に権謀術数に長け、莫大な人脈を持つ力もあるので、フィクサー的な立場になりやすいといえます。

心理洞察に優れているため、他人の心の隙や弱さを見つけ、つけいることが得意です。目的達成のためには大嫌いな人とでも上手くやれる、図太いタイプでもあります。

［長所］

◉リーダーシップに長けている
◉戦略を立てることが得意
◉清濁併せ呑む

［短所］

◉場合によってはワンマンになりやすい
◉ズル賢い

プロキオン星人

プロキオン星人の魂を持つ人は、極めて高い知性を有しています。
地球においては、科学の分野で目覚ましい成果を出す人に、この魂を持つ人が多いです。

地球の量子テレポーテーションなどの発展に貢献していて、ゆえに、地球では時間、距離といった概念を理解しづらいという弱点があります。

仕事においては目標達成に凄まじい執着を見せ、脇目もふらず課題に取り組みます。人との関係では、意味のない雑談を嫌い、会話においては「知的欲求を満たす、問題解決が達成される」といった要素が入っていないと満足できません。

表面的な情緒よりも合理性を優先するため、周囲からは「冷たい人」と誤解されることがあります。

［長所］

◉理数系を得意とする

◉高い倫理観と正義感を持っている

［短所］

◉結構な頑固者

◉考えが極めて合理的で、発想もいままでにないもののため、なかなか賛同者が現れない

クリスタルチルドレン

クリスタルチルドレンの魂を持つ人は、インディゴチルドレンがつくり上げた改革を、穏やかでデザイン性のある形に整えていく役割を持っています。

しかし、「これが自分の使命だ、役割だ」と主張するような、ガツガツした動きは取りません。

穏やかで純粋な人が多く、全てを見透《みす》かしているようなキレイな瞳をしていて、周囲からは癒し系といわれるでしょう。

実際に強い直観力や優れたヒーリング能力があります。
自分自身は科学物質過敏症の傾向にあり、心身ともに非常に繊細です。
好奇心旺盛ですが、競争的なゲーム、スポーツなどは好みません。
環境問題に熱心な傾向にあります。

［長所］

◎直観力、ヒーリング能力を中心とした霊力に長けている
◎テレパシー能力を持つ場合も多く、動植物と会話ができる
◎一緒にいるだけで、その場の雰囲気を和ませる、周囲を癒す力を持っている

［短所］

◎過剰共感を抱えている
◎とんでもなく繊細で傷つきやすい

レインボーチルドレン

レインボーチルドレンの魂を持つ人は、良い意味で自我が薄く、「他人と自分」という区別があまりないのが特徴です。

無条件の与え好きで、奉仕することが当たり前になっています。

エネルギーが精妙でありながらも出力量が多いという特徴があり、普通に暮らしているだけで役割の表現に導かれていきます。そのため、いわゆる願望実現には興味がありません。

物を所有することにも興味がないか、または気に入ったものだけを超少数だけ持つ生活をします。

睡眠は短眠、あるいは長眠のどちらかになります。

体が汚れづらく、いつもスッキリと清潔な印象があります。

食習慣はビーガン傾向になることが多いでしょう。

［長所］

◉無条件に人に奉仕することができる

◉芸術、自然、医療、癒し、知的研究、和平交渉などの分野に力を発揮しやすい

［短所］

◉奉仕の精神ゆえに人に利用されやすい

◉物や金銭の管理が苦手

「あなたがどの星から来たのか」がわかるチェックリスト

あなたに当てはまると思う項目に☑（チェック）を入れてください。あなたの魂の気質のヒント、参考にしてください。

【プレアデス系】

□ミステリアスな雰囲気
□目が大きい
□アーモンド形の目
□目力が極めて強い
□見透かされるような目をしている
□色白
□体が弱いにもかかわず、美肌
□年齢不詳で中性的
□世俗的なことへの興味、関心が薄い
□興味が限局されている
□あるいは変わったものへ向く
□本質的に哲学や根源論を理解している
□医療、心理学、スピリチュアル、環境問題が好き
□世の中を変えることへの関心が高い
□反権力志向が強い
□既存の理解や決まりを破壊したがる

□弱者を守ろうとする正義感が強い
□社会常識をバカにする反面、人間的な倫理観や秩序を守ろうとする傾向が強い
□意味を感じないことには、驚くほど動けない
□子どものころ、話が高尚すぎて同年代の友だちと話が嚙み合わなかった
□ゆえに大人と会話するほうが好きだった
□資本主義を毛嫌いする志向なので、働くことに意味を見出しづらい
□ゆえにニートになる傾向がある
□ワーカホリックになる傾向も持っている
□ニートかワーカホリックのどちらかに転びやすい
□講師、リーダー、教祖といった教える立場になりやすい
□独特のカリスマ性を有していることが多い
□意外とトラウマが大きい
□繊細で傷つきやすい
□劣等感が強い
□落ち込みやすい
□体調を壊しやすいか、超健康体
□頭が良い
□コミュニケーション力があるわけではないが、説得力に長けている
□全般の能力は高いが、向き不向きが激しい
□能力が環境や人間関係に大きく影響される
□学校の成績はとてもいいかワルいかのどちらかに転ぶ

□美男もしくは美女である
□科学や芸術の分野の才能がある
□幼少期は病弱なことが多い
□家庭環境で苦しむことが多い
□学校でいじめられることが多い
□心理的洞察力に長けている
□集団に馴染めない
□起業家もしくは自営業
□社会適応力がない
□独特の美意識がある
□社会的な決まりや文化をばかばかしく思ってしまう
□悟りや意識的成長に深い関心がある
□競争すること争うことが苦手である

□物欲や性欲が少ない
□感情表現が苦手
□無表情が多い
□いくつになっても無邪気
□老成している
□幼いころから、親がドキッとするような根源的なことを言える
□直観力や写真記憶、エネルギーヒーリングといった特殊能力に長けている

【シリウス系の熱いタイプ】

□発想力に富む
□リーダーシップがある
□経営のセンスがある

□社交性がある
□好奇心旺盛
□国家、文明変革に貢献する
□問題解決能力が高い
□イノベーションを行う人
□プロデュース能力が高い
□独特の美的感覚を持っている
□ほお骨が出ていることが多い
□暑苦しいか無機的なクールかに分かれる
□科学技術を得意とすることが多い
□基本的に孤独感を感じやすい
□多動的にあちこちを動き回ることが多い
□日本や日本人の特性、気質をバカにする傾向がある

□海外を好む傾向がある
□多弁になりやすい
□興味があちこちに移りやすい
□内面に激しい怒りを抱えている
□意外と劣等感が強い
□単独行動が多い
□一匹狼になりやすい
□女性の場合、同性と仲良くなれない
□場合によってはイジメの対象になりうる
□女性の場合、頭の中が男
□知り合いは多いが友だちは少ない
□雑談目的で集まっても、独断的な演説になることが多い
□若干ストーカー的になりやすい

□定職に就きづらい
□ジャンヌダルクに憧れる
□女性は、起業家になりやすい
□それなりの直観力やエネルギー感受性に恵まれている
□発想力に長けている
□継続性がなく井戸の浅掘りになりやすい
□単純作業が苦手
□事務作業が苦手
□目立ちたがり屋
□野心が強い
□一か所にジッとしていられない
□体が丈夫なことが多い
□落ち着きがない

□お節介
□人類愛にスイッチが入りやすい
□頭の中がつねにうるさい
□論理よりも直観で動く
□向こう見ずの言動が多い
□計画を立てることが苦手
□目先の快楽に流れやすい
□身体能力に長けている
□平凡を嫌う
□ジャイアン気質
□話が飛びすぎる
□人の話を最後まで聞けない
□飽き性
□つねに変化と刺激を求める

□味覚に長けていることが多い
□楽しい企画を立てることが得意
□昼夜逆転しやすい
□言ったことを忘れる
□人前で教えることが上手い
□動物的な直観に長けている
□自己管理能力が低い
□常識に反発しやすい
□目上の存在に対して反抗的な態度を取る
□優先順位がつかない

【シリウス系のクールタイプ】

□自己完結的な行動や遊び、趣味を好む
□芸術を好む場合は明るさ一辺倒ではなく、闇や退廃的な印象を持つモノを好む
□狭く深くの人間関係を築きやすい
□好奇心は強いが、現場に取材しに行くよりも、本や論文で知識を得ることを好む
□指図、命令されることを極端に嫌う
□一般常識に欠けるところはあるが、倫理観や正義感がとても強い
□慢性的な怠さやウツっぽさに苛まれやすい
□体が冷えやすく、それに伴いコリやすい
□喜びを感じづらく、世間が羨む環境や成功を手に入れたとしても喜びを感じられない
□他人の欠点を見出しやすく、嫌いになりやすい
□他人の長所、短所、適切な環境などを見出す

ことが得意
□斜に構えることが多い
□古い社会制度や思考を破壊する、攻撃することに大きな喜びをおぼえる
□意識することなく、いつも周囲や大衆とは異なった視点の考えや理解を持っている
□世の中が変わるには、多少の人的犠牲が出ても構わない、という理解を持っている
□世の中を変えるために、人と対峙《たいじ》するではなく、政策などの構造の視点から取り組む
□繊細な感性や美的センスを持っているにもかかわらず、それらにあまり関心を示さない
□物事を常に悲観的に捉える
□周囲や他の同業者を心からバカにしている

□良くも悪くも選民意識が強い
□心配性
□被害者意識が強い
□ニヒリズムに酔いやすい
□思いきり宇宙的なエネルギーを出しているにもかかわらず思考が超現実的
□接客で少しでも良くないところがあると、心から腹を立てる
□自助努力は怠らないが、自分の成功のため、というのが前提となる
□一般的な生活を送る、あるいは一般市民として終えることに大きな恐怖をおぼえる
□誇大妄想に近い理想を描く
□人付き合いに意味を感じられない

□結婚に意味を感じられない、あるいは無駄と考えてしまう
□目的や知的欲求の充足なしの、ただ楽しむ、心を通わせるという人付き合いや時間を、心の底から無駄に感じてしまう
□一つのことを延々と続けられる
□ロボットのようなセルフコントロール力を発揮する
□個人主義になる
□頭の中は勉強と仕事の二つしかない
□休息を取ろうとしない
□カフェインなどの刺激物を好む
□完璧主義
□大人しいにもかかわらず、強い独特の存在感を放っている
□雑談は得意でないけれど、教えることは得意
□不可思議な説得力を持っている

【オリオン系】

□企業買収が得意
□策略・戦略家
□交渉が上手
□芸術家である
□経営者である
□企業家
□既存秩序の壊し屋（結果として社会の効率性が増す。ダークヒーロー的）
□マッドサイエンティストの気質がある

□カルト教祖の要素がある
□独裁者的である
□裁判官
□霊能者
□最近流行りのサイコパス傾向がある
□ナルシスト
□尊大
□良心が異常に欠如している
□他者に冷淡で共感しない
□慢性的に平然と嘘をつく
□行動に対する責任が全く取れない
□罪悪感が皆無
□自尊心が過大で自己中心的
□口が達者で表面は魅力的

【エササニ系】

□楽観的である
□ただ、人間関係のもめ事には落ち込みやすい
□集団には属せない
□自己完結的に楽しむことが得意である
□日常の些細なことから、ワクワクすることを見つけるのが得意である
□気質が無邪気であることが多い
□アウェイ空間になると、意外と大人しくなる
□気功などの術的なものに長けることは少ないが、その場にいるだけで空間をイヤシロチ化する能力を持っている
□哲学が好きである
□質問に対して、哲学的な即答をすることが得

意である

□高い霊能力があるわけではないが、体外離脱が得意なことが多い

□高い霊力があるわけでもなく、不定期となってしまうが直観力はそこそこ高い

□ワクワクで生きることを信条としている

□優しい

□無償的な奉仕が得意である

□本音に忠実に生きようとする

□本音を言うことが多い

□教えることが好きである

□ゆくゆくはスピリチュアル系の学校での講師になることをもくろんでいる

□音楽が好きである

□田舎暮らしへの憧れ

□無理しないことを信条とする

□地球人が深刻になることが理解できない

□性格が中性的（特に男）

□年齢不詳が多い

□とにかく一般女子集団からは浮き、社会適応がしづらい（特に女子）

□世俗的なことに関心が薄く、選択を迫られても「どっちでもいい」と答えることが多い

□文章で伝える欲求や能力が高い（とくに男）

□学生時代は暗黒になりやすい

□若いうちは、仕事で紆余曲折が多い

□国、国境、国家という概念が希薄で、地球市民的な世界観が強い

□読書が好きである
□それなりの大枠的な頭の良さがある
□知り合いは多いが、意外と友達が少ない
□意識が高く、悟りへの才能の片鱗も見せるが、ごくごく一般的な職業についていることが多い（特に男）
□はち切れる、ほとばしるような絵や音楽などの芸術性を持つことが多い（特に女子）
□ダンスやマッサージ、占いを職業にすることが多い（女子）
□睡眠時間が短いことが多い
□学生時代、死への憧れ、あるいは自殺願望を強く持っていたことが多い
□父親が堅物であることが多く、全く合わず実家にいた頃は苦労した
□意外と行動力がない（とくに男）
□夢に強い関心を示す。
□夢から啓示を受ける。または、明晰夢を観ることが多い
□霊能者的な直観は少ないが、人生をより良く生きる上でそれを大事にする
□幼い頃から、哲学的な思考を好む
□環境問題に強い関心を向けやすい
□こだわりが少ない
□人から教えられることを毛嫌いする
□自分はスピリチュアル系のリーダーである、という自負がある
□ＵＦＯネタが大好き

□相談に乗ることが好き
□善悪のモノサシを抜いていくことを、心構えている
□のんびりとした生活を好む
□意外と疑い深い
□多くの人が抵抗なく受け入れられる親和性のある霊的なエネルギーを放っている
□流れに身を任せることを信条とする

【アルクトゥルス】

□直観力が極めて高い
□成長欲求が高い
□異質のフレームに基づいた発想が得意
□パッチ・アダムス的な笑わせ方が好き
□いたずら好き
□慈愛に満ちており、困っている人を放っておけない
□天使が好き
□あるいは天使とのチャネリングが得意
□妖精が好き
□あるいは妖精とのチャネリングが得意
□ヒーリングが得意
□共時性が多発する
□前世をかなりの数、憶えている
□体内記憶が残りやすい
□雰囲気やオーラが、濃密な癒し、神聖さを伴っている
□歩くヒーリンググッズ

□哲学や真理への理解が深い
□ニセモノのスピリチュアルを見抜く目を持っている
□天使、妖精、聖母マリア意識を頻繁に視る
□今後、医療に従事する場合が増える
□慈愛に満ちている
□動物に愛される
□動物と会話できる
□レインボーチルドレンと合致することが多い
□音や色を扱うのが上手
□それを多分野で活かす
□瞑想が好き
□瞑想の指導者になる
□幼い頃から、自分の進むべき方向性や運命、役割を自覚している
□物欲や自己顕示欲も少ないので、使命からズレることも少ない
□教わったわけでもないが、多種多様なエネルギーワークが得意
□ヨガや気功などをやると、学習が驚異的な速度で進む
□体が汚れづらい
□寝ない、食べない傾向にある
□野菜や豆を好む
□物が壊れずらい、汚れづらい
□根拠なくウキウキしていることが多い
□透明で全てを見透かしたような瞳をしている
□容姿端麗が多い

□意外と芸能人になりやすい
□教会の静けさのような雰囲気を持っている
□医療、スピリチュアル、何かを表現するのどこかに属しやすい
□科学が大好きか、精通しやすい
□九死に一生を得るような出来事を体験してから、意識が大幅に変化した
□グランディングしづらい
□中心軸や下丹田、湧泉が弱い
□鉄とB群を中心に、栄養問題を抱えやすい
□耳や三半規管に問題が生じやすい
□5、6、7、のチャクラの他に8とチャネリングチャクラも大きく活性化している
□カルマ的なエネルギーが、極めて少ない。あるいはない。

□共感覚を持っていることが多い
□外界の物が、周波数として見える
□純粋
□質素を好む
□白や透明を好む
□クリスタル系のデザインを好む
□子ども好き
□植物系が得意
□一般の仕事や組織はまず無理
□母性的な感性が強い
□所有という概念が少ない
□レムリア、マヤ文明が好き
□集団に調和をもたらすことが得意

【琴座】

□頭がいい
□分析を好む
□頭でっかちになりやすい
□自信家、尊大化しやすい
□知識欲求が高い
□エンターテインメント的なコミュニケーションに長けている
□頭の中がうるさすぎる
□賑やかなところを好む
□単独行動を好む
□田舎暮らしは合わない
□負けん気が強い
□嫉妬深い

□行動力のある科学者
□飽き性で長続きしない
□一か所にじっとしていられない
□旅行が好き
□小説や脚本創りを得意とする
□想像力が極めて豊か
□言うことがコロコロと変わる
□気まぐれなところがある
□表面的にはサバサバしている
□けれど、情に厚い浪花節
□器用貧乏になりやすい
□我が強い
□多趣味になりやすい
□運動神経に長けている

□豪華、贅沢を好む
□エネルギーヒーリングを得意とする
□聴覚過敏を持っている
□音楽と語学を得意とする
□表面的には社交的
□見栄っ張り
□発想が豊か
□井戸の浅掘になりやすい
□狩猟的な傾向を持っている
□行動力に長けている
□開拓する
□マニュアルを嫌がり独自を好む
□勤め人は向かない
□常に変化を好む

□クリエーター
□営業に向いている
□エンターテインメント的な接客を得意とする
□多才になる
□常に誰かといることはきつい
□恋愛は長続きしない
□人類愛に長けている
□一般的な家族形態に向いていない
□他人に指図、命令されることを嫌う
□挑戦好き
□帰巣本能がない

【タウ星人】

□とても気さく、フレンドリー

□視覚思考型で観察力に長けている
□人助けやボランティアを好む
□困っている人を見過ごせない
□環境、貧困問題に関心を持ちやすい
□視覚的な分析能力にも長けているため、機械や建物の構造設計も得意とする
□知的欲求がとても高い
□ネットワークを作ることを得意とする
□理想主義者
□豪放磊落
□つねに変化を求める
□予定や約束について、ルーズなところがある
□ジャイアン的に主導権を握りたい

【ゼータレチクル星人】

□表面的には無感情、平板
□超合理的に判断するため、周囲からは非情と思われる
□計画やマニュアルに則って動くことを好む
□その代わりに自由に動くことを苦手とする
□睡眠、食欲、性欲などの本能的な欲求が薄い
□興味が異常に限局されている
□仕事と勉強以外に興味がない
□他人への共感を苦手とする
□理数系に強い
□情緒的、非論理的な考えや話を嫌う
□世俗的なことへの関心が薄い
□寂しがりやだが、人付き合いへの欲求がない

か大きな壁を感じてしまう

□メタ認知、注意制御機能が徹底的に開発されている

【キリスト意識】

□修行僧的に実行機能の開発に力を入れる

□自身を常に深く考察し、この言動や感情の源はどこからやってきているのかと観察している

□学生時代から、この地球をどうにかしなければ、という強い想いに駆られている

□自分に厳しすぎて、自分で自分を追い込む傾向にある

□世界を変えたいという想いを強く持ちながらも、どこか冷めた諦めの気持ちを持っている

□世の中の変化や事象を、常に諦観しようとしている

□他人よりも厳しく合理的な側面を見せながらも、とても情にもろく、優しくて断れない

□面倒見が良く、教育熱心でそれが上手

【ペガサス星人】

□自由奔放

□好きなこと以外できない

□挑戦することが好き

□ある程度達成すると飽きてしまい、別のことに移ってしまう

□無我夢中になりやすい

□マイペースな気分屋

□面倒見はとてもいい
□せっかち
□思い立ったら行動せずにはいられない
□組織に属することはとても難しい
□自営、起業タイプ
□ルーティン的な家事は苦手
□感情の起伏が激しい
□気持ちの切り替えが早い
□指図、命令されることを極端に嫌う
□オープンで正直
□自他の社会的な地位に関心がない

【ベラトリックス星人】
（クール系のシリウス人に似ている）

□交渉事に長けている
□海外における適応や対応を得意とする
□ズル賢い
□リーダーシップに長けている
□場合によってはワンマンになりやすい
□戦略を立てることが得意
□フィクサー的な立場になりやすい
□図太い
□権謀術数に長けている
□心理洞察が得意なため、他人の心の隙や弱さを見つける、つけいることが得意
□莫大な人脈を持つ
□清濁《せいだく》併せ呑む
□目的達成のためには、大嫌いな人とでも上手

くやれる

【プロキオン星人】

□極めて高い知性を有している
□科学の分野で目覚ましい成果を出す
□地球の量子テレポーテーションなどの発展に貢献しているゆえ、地球では時間、距離といった概念を理解しづらい
□高い倫理観と正義感を持っている
□結構な頑固者
□理数系を得意とする
□意味のない雑談を嫌う
□会話においては、知的欲求を満たす、問題解決が達成されるといった要素が入っていないと満足できない
□表面的な情緒よりも合理性を優先する
□そのため、周囲からは冷たい人と誤解されることがある
□目標達成に凄まじい執着を見せる
□考えが極めて合理的で発想も今までにないもののため、なかなか賛同者が現れない

【地球人系】

□問題を解決しようとする情熱は、凄まじい
□ただ、対処療法的になりがち
□制限された観念が極めて強い
□ブレーキを踏みながらも、必死に前に進もうとしている

□制限不自由の星人でありながら、無限的多様性と可能性を有している

□探究欲求が凄まじい

□進化への欲求が凄まじい

□ある臨界点を超えると、学びや進化は指数関数的に加速する

□負の霊的影響への耐性がある

□1、2、3のチャクラ活性に長けている

□生きることへの情熱が凄まじい

□絶望的な体験を繰り返しているにもかかわらず、心がなかなか折れない

□恐怖を肯定的な言動のエネルギー源にできる

□エゴを肯定的な創造力へと昇華できる

□知識の蓄積から直観力を高めることができる

□論理性の蓄積から感性と直観力を高めることができる

□体験を論理体系化、ルール化できる

□必要と思ったことであれば、嫌なことでも投げ出さずに取り組むことができる

□才能を最低でも3個以上は持っている

□人類全体としても、個人としても多様性に富んでいる

□集団の形成に長けている

□複雑系の知に長けている

□複雑系の創造力に長けている

□不満を原動力に技術進化を加速させることができる

□行動を強制的に変えるだけで、意識を変える

ことができる

□後世に何かを残そう、という欲求が高い

□肉体を強化するだけで、ある程度は意識を変えることができる

□良い行いを強制的に癖づけするだけで、ある程度は意識を変えることができる

□多種多様な人間と交わることができる

□集団に属することができる

□集団が決めた方向で、一糸乱れず進んでいくことができる

□人間関係の調整に長けている

□言語に長けている

□複雑な事務作業に強い

□現実的で社会的な仕組みを理解しやすい

□スポーツが好きである

□格闘技が好きである

□攻撃性をやる気に昇華させることができる

□競争が得意である

□競争を原動力に、進化が可能である

□物事を細分化して理解、整理することが得意

□強い拘りや執着を、進化の原動力にすることができる

□意志力、継続力に長けていることが多い

□難行、苦行に耐えられる

□雑多な環境でも生きることができる

□ストレス耐性がある

□本能的な欲求にかかわる分野に大きな力を発揮する（食や性、攻撃）

□論理的な思考と論理の積み重ねで、高次元や神へ近づくことができる
□破壊する技術を蘇生する技術へと転換することができる
□時間にきっちりと対応できる
□比較的体が強い
□情緒の不安定さを抑え込むことができる
□嫌いな人間でも、当たりよく対応できる
□悲しみなどの苦しみを、面白い話として構成できる
□意識ではなく、外界の環境圧力により大きな変化を起こすことができる
□外の評価を気にして、自身を洗練させることができる

□感覚や意識状態を、言語化することに長けている
□自分から苦しみを選び、成長させようとする

【クリスタルチルドレン】

□科学物質過敏症の傾向になる
□過剰共感を抱えている
□とんでもなく繊細
□全てを見透かしているようなキレイな瞳をしている
□環境問題に熱心な傾向にある
□穏やかなで純粋
□好奇心旺盛
□直観力、ヒーリング能力を中心とした霊力に

長けている
□テレパシー能力を持つ人が多い
□そのため、動植物と会話できる
□競争的なゲーム、スポーツを好まない
□一緒にいるだけで、その場の雰囲気を和ませる、周囲を癒す力を持っている
□使命、役割などというガツガツした動きは取らない
□インディゴチルドレンが創り上げた改革を、穏やかでデザイン性のある形に整えていく

【レインボーチルドレン】

□良い意味で自我が薄く、他人と自分という区別がない
□無条件の与え好き
□奉仕することが当たり前になっている
□ビーガン傾向になる
□エネルギーが精妙でありながらも、出力量が多い
□物を所有することに興味がない、もしくは気に入ったものだけを超少数だけ持つ
□体が汚れづらい
□短眠か長眠
□普通に暮らしているだけで、役割の表現に導かれていくため願望実現に興味はない
□芸術、自然、医療、癒し、知的研究、和平交渉などの分野に力を発揮しやすい

おわりに

僕たちを待ち受けるのは、拡大し続けるゲート、幸せで自由度の高い多極化。スターシードたちに約束された安寧と楽しさに満ちたパラレルワールドです。なぜなら、世界は一貫してよくなっているから。

一見すると、社会は否定的な出来事で溢れかえっています。でもそれは真実とは違います。ＳＮＳの発信者やメディアが、否定的なそれらだけを抽出して積極的に発信しているための錯覚にすぎないのです。

飢餓、貧困、格差、凶悪犯罪、戦争、公害、女性への人権侵害は、過去最少に行き着いています（もちろん、まだまだ改善していかなければならないのですが）。

これは、統計に基づいたバイアスのかからない視点で捉えると一目瞭然です。

安心してください。

君のようなスターシードは、生まれた瞬間から生きているだけで、高次元エネルギーを地球に降ろす役割を遂行しています。

安心がベースにあるので、自分のペースで生き、この生を楽しんでいけばいいのです。

表面的には苦しい時もあるだろうけれど、決して君の魂は汚れず、いつも輝き続けています。

そのことだけは忘れないでください。

吉濱ツトム

２０２１年12月吉日

吉濱ツトム（よしはま　つとむ）

発達障がいカウンセラー、経営アドバイザーと共にスピリチュアルヒーラーの側面を持つ。

先端科学、陰陽道、プレアデス情報を融合させることで独特の能力と理論を構築し、新規ヒーリング、リーディングの予約は９カ月待ちとなるなど好評を博している。

「誰にでも当てはまるような抽象的な本質論であってはいけない、現実に役立ち証明されてこそ本物である」という価値観のもと、スピリチュアルヒーラーやティーチャーへの能力開発指導を行い、医者、科学者、学者などへのアドバイザーを務める。

地震予知をはじめとした未来予言は、90%以上の的中率を誇る。


主な著書に『2040年の世界とアセンション』『人類史上最大の波動上昇が訪れた！』『隠れ発達障害という才能を活かす逆転の成功法則』（ともに徳間書店）、『誰も知らなかった《逆説の経済教室》』（ヒカルランド）、『アスペルガーとして楽しく生きる』（風雲舎）、『隠れアスペルガーという才能』（ベストセラーズ）などがある。

吉濱ツトム公式サイト
http://yoshihama-tsutomu.com/

アセンションを導くプレアデス
あなたがどの星から来たのかがわかる！

第1刷　2021年12月31日
第3刷　2022年 2 月 5 日

著　者　吉濱ツトム
発行者　小宮英行
発行所　株式会社徳間書店
〒141-8202　東京都品川区上大崎3-1-1
目黒セントラルスクエア
電　話　編集(03)5403-4344／販売(049)293-5521
振　替　00140-0-44392

印刷・製本　大日本印刷株式会社

ISBN978-4-19-865389-7